Michelle Finlay
Everyday English – Englisch für jeden Tag

Michelle Finlay

Everyday English – Englisch für jeden Tag

Aus dem Englischen von
Tobias Rothenbücher

Mit zahlreichen Illustrationen
von Andrew Pinder

Anaconda

Die englische Originalausgabe erschien zuerst 2011 unter dem Titel
Everyday English. Getting to Grips with the Basics of the Language bei
Michael O'Mara Books Limited in London.
Copyright © Michael O'Mara Books Limited 2011
Umschlaggestaltung der Originalausgabe: Patrick Knowles
Deutsche Übersetzung mit freundlicher Genehmigung von
Michael O'Mara Books.

Die Deutsche Nationalbibliothek verzeichnet diese Publikation
in der Deutschen Nationalbibliografie; detaillierte bibliografische
Daten sind im Internet unter http://dnb.d-nb.de abrufbar.

© 2012 Anaconda Verlag GmbH, Köln
Alle Rechte vorbehalten.
Umschlaggestaltung: dyadesign, www.dya.de (in Anlehnung
an die Gestaltung der englischen Originalausgabe)
Satz und Layout: InterMedia – Lemke e. K., Ratingen
Printed in Czech Republic 2012
ISBN 978-3-86647-827-5
www.anacondaverlag.de
info@anacondaverlag.de

Für Michael: Mir fehlen die Worte

Inhalt

Vorwort

Gutes Englisch findet man überall. Es ist nicht allein der BBC oder unseren größten Schriftstellern vorbehalten. In alltäglichen Unterhaltungen stößt man ebenso darauf wie in Zeitschriften oder Zeitungsartikeln, in Pressetexten, politischen Reden, Betriebsanleitungen, Werbeanzeigen und anderswo.

Aber das Gegenteil ist leider ebenso häufig der Fall. Die englische Sprache wird oft in die Knie gezwungen: in Boulevard-Schlagzeilen und Geschäftsberichten, auf Webseiten und in den Untertiteln von Filmen auf DVD – und auch in Betriebsanleitungen und Werbeanzeigen …

Wir sind alle nicht vor gelegentlichen Fehlern gefeit, und die wenigsten von uns können ehrlich von sich behaupten, dass sie sich niemals irren oder bei Wortwahl und Grammatik niemals zögern. Das Problem ist jedoch, dass wir uns dem Abwärtstrend schnell anschließen, wenn um uns herum das Qualitätsniveau sinkt. Sobald wir Wörter oder Formulierungen gedruckt vor uns sehen, erscheinen sie irgendwie richtig; ganz gleich, ob sie es sind oder nicht. Und wenn wir die gleichen Fehler wieder und wieder lesen müssen, fangen wir langsam an, uns an sie zu gewöhnen.

Sie mögen sich jetzt fragen, ob es denn so schlimm sei, wenn wir Grammatikfehler machen, Satzzeichen falsch setzen und die Zeiten durcheinanderwerfen. Ich finde das tatsächlich schlimm. Unsere Zivilisation stützt sich auf Kommunikation, und gestörte Kommunikation führt zu Missverständnissen und kann den Fortschritt behindern. Mit der Entwicklung unserer Welt hat sich auch die Sprache weiterentwickelt, und das ist gut so. Wo wären wir ohne neue Begriffe für die Entdeckungen der Wissenschaft, für neue Technologien und Ideen? Doch leider sind damit auch eine Menge neuer Fehler und falscher Verwendungen in die englische Sprache gelangt. Natürlich müssen wir uns weiterentwickeln, doch wir sollten versuchen, dabei nicht auf die Klarheit und den Reichtum an Ausdrucksmöglichkeiten zu verzichten, über die wir verfügen können, wenn wir die Sprache beherrschen.

Englisch ist eine der Sprachen mit den vielfältigsten, farbigsten und subtilsten Ausdrucksmöglichkeiten der Welt. Man beweist Stil, wenn man gutes Englisch spricht oder schreibt – einfach, klar und frei von jedem Jargon.

Wer Englisch spricht, ist in der glücklichen Lage, mit einigen der größten Schriftsteller und Redner aller Zeiten eine Sprache zu teilen. Neben Hunderten von Alltagsbeispielen für korrekten Sprachgebrauch habe ich mich auch von den Werken berühmter Autoren, von Jane Austen bis Oscar Wilde, inspirieren lassen.

Solche Meisterleistungen nachzuahmen, ist jedoch leichter gesagt als getan. Hier kommt dieses Buch ins Spiel. *Englisch für jeden Tag* soll Muttersprachlern und allen, die Englisch als Fremdsprache lernen, gleichermaßen dabei helfen, die Sprache wirklich zu beherrschen. Das Buch beginnt bei den Buchstaben des Alphabets. Nach und nach behandelt es die unterschiedlichen Bausteine der geschriebenen und gesprochenen Sprache – Rechtschreibung, Wortstellung, Zeichensetzung, Wortarten – und widmet sich schließlich dem Tonfall, nennt typische Fallen und wie man sie umgeht und gibt Ratschläge für eine klare, ja elegante Ausdrucksweise.

Eine kurze Geschichte des Alphabets

Die Englische Sprache ist wie in raffiniertes, vielfältiges und farbenfrohes Gewebe. Will man verstehen, wie es sich entwickelt hat, muss man auf die frühen Jahrhunderte der britischen Geschichte blicken und begreifen, wie aufeinanderfolgende Eroberer der Sprache ihren Stempel aufgedrückt haben.

Als die Römer Mitte des ersten Jahrhunderts vor Christus auf die Britischen Inseln kamen, fanden sie dort eine Bevölkerung vor, die – wie fast in ganz Westeuropa, darunter auch Frankreich und Deutschland – verschiedenen keltischen Stämmen angehörte und die man kollektiv als Briten bezeichnete.

Unter Julius Cäsar marschierten die Römer im Jahr 43 n. Chr. nach Britannien ein und brachten ihr Alphabet mit, das auf die semitische, die ägyptisch-phönizische und die griechische Kultur zurückging. Das lateinische Alphabet bestand aus 23 Zeichen – also aus unserem heutigen Alphabet, ohne die Buchstaben *j* (Julius beispielsweise schrieb sich Iulius), *u* (das *v*, das sich leichter in Stein meißeln lässt, stand für diesen Laut) und *w* (dazu später).

Am Ende des dritten Jahrhunderts hatten die Römer jedoch Britannien schon wieder den Rücken gekehrt und neuen Eroberern überlassen – Angeln, Sachsen und Jüten aus dem heutigen Gebiet von Deutschland und Dänemark. Die Kelten wurden in die entlegensten Ecken Britanniens zurückgedrängt: nach Schottland, Irland, Wales und Cornwall (wo bis heute keltische Sprachen erhalten geblieben sind.)

Die Eroberer brachten ihr Runenalphabet mit und sprachen eine germanische Sprache, die sich mit der keltisch-römischen Sprache Britanniens vermischte. Es entstand das Angelsächsische oder Altenglische. Im Jahr 597 traf dann der Heilige Augustinus in Kent ein, der von Papst Gregor entsandt worden war, um die Menschen Britanniens zum Christentum zu bekehren. Er hatte Erfolg, und so nahmen die Angelsachsen allmählich das römische Alphabet an, um die Bibel und andere christliche Texte auf Latein lesen und studieren zu können. Dabei passten sie es an ihre eigenen Bedürfnisse an.

Im Jahr 789 eroberten die Wikinger Teile Britanniens, und die Engländer übernahmen viele neue

Wörter aus dem Altnordischen: *gap, ill, mire, reindeer, root, scowl, skull* oder *sky,* um nur einige zu nennen.

Die Invasion der Normannen brachte 1066 einen weiteren Schwung neuer Wörter ins Land. Es entwickelte sich ein Zwei-Schichten-System, bei dem die herrschende Klasse Wörter aus dem normannischen Französisch verwendete, während die gewöhnlichen Angelsachsen weiter ihre entsprechenden Begriffe benutzten. Aus diesem Grund stehen auch heute noch die Tiere *sheep* und *cow* (angelsächsisch) auf dem Feld, doch sobald sie fein zubereitet auf dem Esstisch landen, spricht man von *mutton* und *beef* (abgeleitet von dem französischen *mouton* bzw. *bœuf*). Eine Bäuerin trug einen *frock,* die Herrin des Hauses jedoch eine *robe.* Auch in der Rechtsprechung wurde Französisch gesprochen – daher sind auch heute noch Wörter wie

Gewöhnliches *sheep*

Feines *mutton*

mortgage (wörtlich übersetzt »totes Pfand«) oder *parole* (»gesprochenes Wort«) in Gebrauch.

In den Jahren nach der Normannischen Eroberung verschwanden allmählich auch die letzten Runen des Altenglischen und wurden durch Buchstaben des lateinischen Alphabets ersetzt. Aus Altenglisch hatte sich Mittelenglisch entwickelt. In dieser Zeit kamen die fehlenden drei Buchstaben hinzu und vervollständigten das Alphabet, wie wir es heute kennen: Klang ein *i* eher wie ein Konsonant, ähnlich wie ein weiches *g*, so wurde daraus ein *j*. Außerdem unterschied man zwischen dem Konsonanten *v* und dem Vokal *u*; und das *w*, das ganz ähnlich klang, kam als *double-u* hinzu (auch wenn der Großbuchstabe eher wie ein Doppel-V aussieht). Das moderne Alphabet war vollständig.

Das Handwerkszeug:
Wortarten

Substantive: Namenwörter

Substantive (oder Nomen), das wissen wir aus der Schule, sind Wörter, die etwas beim Namen nennen. Dinge, Menschen, Orte, chemische Elemente, Musik, Ideen, Gefühle – sie alle sind Substantive. Bei Babys bilden sie einen Großteil des Wortschatzes – zuerst kommen die Substantive und erst danach mischen sich ein paar Verben darunter.

Überdies wissen Sie vielleicht auch noch, dass man Substantive für gewöhnlich in zwei Hauptkategorien einteilt: **Eigennamen** und **Gattungsnamen** *(proper nouns* und *common nouns)*. Gattungsnamen sind Überbegriffe: *planet* ist zum Beispiel ein Gattungsname – einer von mehreren Planeten kann gemeint sein –, aber *Jupiter*, ein Eigenname, bezeichnet einen bestimmten Planeten.

Eigennamen bezeichnen in der Regel Menschen, Orte oder benannte Dinge. Sie werden groß geschrieben und tragen keinen Artikel *(a, an* oder *the)*. Beispiele für Eigennamen sind *John, Paris, Mrs Jones, Friday* oder *Jupiter*. Wenn Sie jemandem von Ihrer Mutter erzählen, können Sie sie entweder *my mother* nennen (ein Gattungsname, auch wenn es sich um eine bestimmte Mutter handelt) oder *Mother* (Eigenname) – das gleiche gilt für *my dad* bzw. *Dad* und so weiter. Auch Zeiträume der Geschichte *(the Stone Age, the First World War)*, benannte Wetterphänomene *(Hurricane Charlie)* und bestimmte geografische Regionen *(the South of France)* tragen Eigennamen.

Eigennamen im Plural

Eigennamen stehen für gewöhnlich nicht im Plural. Sollten sie jedoch drei Freundinnen haben, die alle Emma heißen, kann man sie durchaus the (three) Emmas *nennen. Es gibt auch mindestens zwölf* Parises, *die meisten davon in den USA, ganz zu schweigen von den* Londons *und den* Berlins.

Sie können auch sagen 'I saw the Monets in the Louvre' – aber dann reden Sie nicht von dem Maler mit seiner Familie, sondern von seinen Gemälden. Und ebenso: 'Have you read any of the P. D. Jameses I lent you?'

Singular und Plural

Im Gegensatz zu den Eigennamen ist der Plural bei Gattungsnamen etwas ganz Alltägliches. Wir müssen also wissen, wie man aus dem Singular einen Plural macht.

Die Grundregel, um aus einem viele zu machen, lautet: Ergänze am Ende ein s. Nichts einfacher als das! Hier sind ein paar Beispiele:

> **book – books**
> **computer – computers**
> **table – tables**

Bei Substantiven, die auf *y* mit vorangehendem Konsonanten enden, wird dieses *y* im Plural zu *ie*:

> **baby – babies**
> **dictionary – dictionaries**
> **fairy – fairies**

Steht vor dem *y* jedoch ein Vokal, sieht es wieder anders aus. Diese Substantive folgen der Grundregel, im Plural kommt ein *s* hinzu:

> **play – plays**
> **key – keys**
> **donkey – donkeys**

Die meisten Wörter, die bereits im Singular auf *s* enden, erhalten die Pluralendung *es* – ebenso jene auf *sh* oder *ch*. Diese beiden Endungen klingen übrigens gleich.

> **class – classes**
> **latch – latches**
> **waltz – waltzes**[1]

Bei manchen Substantiven, die auf *f* oder *fe* enden, wird das *f* zu *v* und die Endung *es* kommt hinzu.

> **calf – calves**
> **knife – knives**
> **loaf – loaves**

---

[1] Auch *waltz* folgt dieser Regel, weil *tz* wie *ts* gesprochen wird (Anm. d. Übers.).

Andere Substantive auf *f* oder *fe* hängen jedoch einfach ein *s* an:

> chief – chiefs
> cliff – cliffs
> roof – roofs

Wenn wir den Plural eines zusammengesetzten Substantivs bilden, müssen wir darauf achten, den richtigen Teil in die Mehrzahl zu setzen. So wird aus *mother-in-law* zum Beispiel *mothers-in-law* und nicht *mother-in-laws*, denn das eigentliche Substantiv ist *mothers*. Das *in-law* ist eine nähere Bestimmung des Begriffs und verändert sich nicht. Ähnliches gilt für den Plural von *man-at-arms*: *men-at-arms*.

Manche Substantive bleiben gleich, unabhängig davon, ob man sie in der Einzahl oder Mehrzahl verwendet: *deer, fish, jeans, scissors, sheep, species, wheat* und so weiter. *Fishes* ist ebenfalls ein geläufiger Plural und wird dann verwendet, wenn mehrere Fisch*arten* gemeint sind. Ob bei diesen und vielen anderen Substantiven von Singular oder Plural die Rede ist, müssen wir aus dem Kontext erschließen.

Es gibt noch eine weitere Gruppe von Substantiven (genauer gesagt eine Unterkategorie der Gattungsnamen), die man als »nicht zählbare« Substantive bezeichnet und für die es keine Unterscheidung zwischen Singular und Plural gibt. Bei ihnen lässt sich eine Menge nicht in absolute Zahlen fassen. Beispiele hierfür sind *water, evidence* oder *rice*. Wollen wir hier Mengenangaben machen, müssen wir auf Begriffe wie *much, some, a lot of* oder *a cupful* zurückgreifen (wobei wir uns bei Letzterem dann fragen, ob es *two cupsful* oder *two cupfuls* heißen muss; die *mothers-in-law* von vorhin helfen uns da leider nicht weiter, denn *cupfuls* ist tatsächlich korrekt und im täglichen Gebrauch ganz üblich).

Abstrakt oder konkret?

Man kann sich kaum etwas »Konkreteres« vorstellen als concrete. *Er ist so stabil, dass er unsere Gebäude und ganze Städte zusammenhält. Denken Sie einfach nur an das Wort, und Sie werden konkrete Substantive (oder Konkreta) und ihr Gegenteil, Abstrakta, nie mehr durcheinanderbringen. Konkreta sind unsere Bezeichnungen für Dinge, die man sehen, fühlen, hören, berühren oder riechen kann:* trees, elephants, cake *oder* books – *um nur vier von ihnen zu nennen.*

Beispiele für Abstrakta sind tomorrow, thought, welfare, delight, belief *usw. Sie sind in der Regel nicht-zählbar, doch es gibt auch Ausnahmen wie* music *oder* structure. *Konkreta können zählbar oder nicht-zählbar sein:* some rice *(nicht-zählbar),* three kittens *(zählbar).*

Fremdwörter im Plural

Singular	Plural	Ursprung
alga	algae	lateinisch
automaton	automata	griechisch
criterion	criteria	griechisch
gâteau	gâteaux	französisch
index	indexes/indices	lateinisch
kibbutz	kibbutzim/kibbutzes	hebräisch
phenomenon	phenomena	griechisch
stimulus	stimuli/stimuluses	lateinisch

Unregelmäßige Substantive

Kein Kapitel über den Plural im Englischen wäre vollständig, würde man nicht eine bestimmte Gruppe von Substantiven ansprechen, die sich jeglichen Gesetzmäßigkeiten entziehen: die unregelmäßigen Substantive. Will man hier alles richtig machen, muss man sie einfach auswendig lernen. Glücklicherweise werden sie häufig gebraucht, und wir bilden den Plural meist automatisch richtig. Es handelt sich um:

Singular	Plural
child	children
foot	feet
goose	geese
man / woman	men / women
mouse	mice
tooth	teeth

Ein weiteres Wort, bei dem man Vorsicht walten lassen muss, ist das Substantiv *hair*. Wir verwenden es in der Regel im Singular – etwa in dem Ausdruck *a glorious head of hair*. Wenn es sich jedoch um eine geringe Anzahl handelt, steht es im Plural. Man würde zum Beispiel sagen: 'My grandfather has a few grey hairs now.'

Noch ein Wort zu Substantiven

Derzeit passiert etwas Seltsames mit unseren Substantiven. Es scheint, als geriete hier und da in Verges-

Fremdwörter

Über die Jahrhunderte hat das Englische eine riesige Menge von Wörtern aus anderen Sprachen übernommen. Dabei haben wir uns angewöhnt, alle Wörter mit englischen Endungen zu versehen – ganz gleich, ob das nun ganz »korrekt« ist oder nicht. Paparazzi *ist bereits im Italienischen ein Plural (der Singular lautet* paparazzo*), also sollten wir der Versuchung widerstehen, von mehreren* paparazzis *zu sprechen. Man muss aber mit hochgezogenen Augenbrauen rechnen, wenn man in England zwei* cappuccini *bestellt oder sich über ein* graffito *beschwert. Wir haben two* cappuccinos *offensichtlich längst als richtig akzeptiert. Hier gilt es, einen guten Mittelweg zu finden, um weder ignorant noch überheblich zu wirken.*

senheit, dass es ein bestimmtes Substantiv bereits gibt. So verwandeln wir es manchmal zuerst in ein Adjektiv und fügen dann wieder eine Substantiv-Endung an. Nehmen wir das Wort *mist*. Vielleicht liegt es an veränderten Umweltbedingungen, aber manche sagen *mistiness* anstelle von *mist*. Irgendjemand bei der Wettervorhersage hat sich dieses schöne, knackige, einsilbige Substantiv gepackt und erst ein Adjektiv daraus gemacht – *misty* –, nur um es dann wieder zurückzuverwandeln – *mistiness*. Hin und wieder kann es auch in höheren Lagen zu *fogginess* kommen. Rechnen Sie mit plötzlicher *sunniness* oder *snowiness* nach Einbruch der Dunkelheit.

Und wenn wir über den Umweg Adjektiv nicht gerade neue Substantive prägen, verwenden wir sie als Verben. Früher bildete man ein Verb aus einem Substantiv, indem man ein Suffix an das Wort oder den Wortstamm anhängte: *-ate, -en, -ify* oder *-ize* – wie beispielsweise in *captivate, frighten, liquefy* oder *patronize*. Heute kann man zunehmend beobachten, dass Suffixe keine Rolle mehr spielen: Man sagt 'workers are *tasked*' statt '… are being given a task' (von 'being *asked* to do it' ganz zu schweigen). Wir sprechen von 'to chair (or table something at) a meeting', 'to torch a building' oder 'to plate a meal'. Diese Ausdrucksweise kann ein Gespräch lebendig oder amüsant machen – wenn man sie bewusst und gezielt einsetzt. Verwendet man sie gedankenlos, kann das leicht nachlässig wirken.

Verben: Tätigkeitswörter

V erben werden auch Tätigkeitswörter genannt. Sie beschreiben eine Handlung – selbst wenn es keine sichtbare Aktivität ist. Das Wesentliche ist, dass ein Verb ausdrückt, was jemand oder etwas tut.

Das Verb ist die komplexeste Wortart. Das liegt daran, dass Verben uns neben der Handlung an sich auch vermitteln, wann sie stattgefunden hat, und sie geben Aufschluss darüber, wer gehandelt hat.

Das Tempus: Zeitformen

Die gute Nachricht ist, dass Verben im Englischen in Bezug auf das Wer einfacher zu handhaben sind als etwa im Französischen oder im Deutschen, denn es gibt nicht so viele verschiedene Verb-Endungen, die einem Kopfschmerzen bereiten könnten. Der **Infinitiv** jedoch ist im Englischen etwas seltsam. Er stellt das Verb in Reinform dar: Es steht also nicht in einer bestimmten Zeit oder Person (s. unten) wo es in irgendeiner Form angepasst würde. In den meisten anderen Sprachen besteht ein Infinitiv aus einem einzelnen Wort, doch bei englischen Infinitiven steht ein *to* vor dem Verb – *to be, to go* … Daher ist das Englische die einzige Sprache, in der ein Infinitiv geteilt werden kann, und zwar indem man ein Adverb zwischen *to* und Verb setzt – wie in *to boldly go*. Puristen stört das natürlich enorm, und sie begründen diese Abneigung damit, dass der Infinitiv zwar aus zwei Wörtern bestehe, aber dennoch eine Einheit bilde.

Das **Tempus** (engl. *tense*) eines Verbs zeigt an, zu welcher Zeit eine Handlung stattfindet (jetzt, in der Vergangenheit oder in der Zukunft). Die **Person** verdeutlicht, wer gerade handelt: **1. Person Singular** *(I)*; **2. Person Singular** *(you/thou)*; **3. Person Singular** *(he, she, it)*; **1. Person Plural** *(we)*; **2. Person Plural** *(you* im Plural) und **3. Person Plural** *(they)*.

Der grammatische Fachbegriff für die Veränderungen des Verbs nach Tempus und Person *(I walk / I walked; he walks / he walked)* lautet **Konjugation** (damit sind wir besonders vertraut, wenn wir Französisch gelernt haben – oder Latein). Die Änderungen der Verbform *(walk / walks / walked)* nennt man **Flexion**.

Gegenwart / Präsens *(Present Tense)*

Die einfache Form des Präsens (Simple Present)

Dies ist die einfache Gegenwartsform von *to walk*:

I walk	We walk
You walk	You (Plural) walk
He / she / it walks	They walk

Man beachte, dass sich die Verbform nur in der 3. Person Singular verändert.

Die einfache Form der Gegenwart wird in der Regel für allgemeingültige Aussagen verwendet, oder um die eigene Meinung darzulegen; z. B.: 'Koalas live in trees' oder 'I don't trust politicians'.

Die Verlaufsform der Gegenwart (Present Progressive)

Um diese Zeit zu bilden, die auch *Present Continuous* genannt wird, benötigt man das **Partizip Präsens** *(Present Participle)*, das aus der Infinitivform des Verbs *(walk)* und der Endung *-ing* gebildet wird. Ein Partizip benötigt immer eine Form des Hilfsverbs *to be* an seiner Seite; die Endung des Partizips bleibt jedoch immer gleich – *walking*:

I *am* walking	We *are* walking
You *are* walking	You *are* walking
He / she / it *is* walking	They *are* walking

Dieses Tempus wird eingesetzt, um eine Handlung zu beschreiben, die gerade abläuft, die jedoch nicht unendlich ist oder regelmäßig erfolgt: 'Sally is sitting at her desk'; 'It is raining'.

Es mag etwas verwirrend sein, dass es auch für eine Handlung in der Zukunft stehen kann: 'I am going there tomorrow'; 'We are flying to Spain next month'.

Das Perfekt (Present Perfect)

Diese Zeit stützt sich auf das Hilfsverb *to have*, während das eigentliche Verb (in der Form des **Partizip Perfekt** *walked*) unverändert bleibt:

I have walked	We have walked
You have walked	You have walked
He / she / it has walked	They have walked

Eine Handlung, die in einer nicht näher bestimmten Vergangenheit liegt, wird in diesem Tempus geschildert. Man sagt zum Beispiel nicht 'I have walked there last Monday'. Man könnte jedoch sagen 'I have never walked there' oder 'I have walked there once'. Die Handlung liegt zwar in der Vergangenheit, doch sie wird aus der Gegenwart betrachtet.

Die Verlaufsform des Perfekts
 (Present Perfect Progressive)

Auch als *Present Perfect Continuous* bekannt, vereint dieses Tempus, wie der Name schon sagt, die Eigenschaften des Perfekt und der Verlaufsform in sich.

I have been walking usw.

Es beschreibt also eine Handlung, die in der Vergangenheit beginnt und immer noch andauert. Etwa in dem Satz 'I have been walking for hours and have still not reached the mountain'.

Die Vergangenheit *(Past Tense)*

Die einfache Vergangenheit *(Simple Past)*

I walked	We walked
You walked	You walked
He / she / it walked	They walked

In dieser Form der Vergangenheit werden Handlungen geschildert, die zu einer bestimmten Zeit stattfanden: 'I walked there this morning.'

Die Verlaufsform der Vergangenheit *(Past Progressive)*

Dieses Tempus, auch *Past Continuous* genannt, wird nach dem gleichen Muster gebildet, wie die Verlaufsform der Gegenwart:

I was walking	We were walking
You were walking	You were walking
He / she / it was walking	They were walking

Es beschreibt eine andauernde Handlung in der Vergangenheit, die durch ein plötzliches zweites Geschehen unterbrochen wird: 'I was walking in the park when it started to rain'; 'I was walking home when I remembered my appointment'. Die »Unterbrechung« steht dann in der einfachen Vergangenenheit *(Simple Past)*.

Das einfache Plusquamperfekt (Past Perfect)

Diese Zeit wird nach dem gleichen Muster gebildet wie das Perfekt:

I had walked usw.

Zum Beispiel: 'I had walked there once, but found it too far.'

33

Die Verlaufsform des Plusquamperfekts
(Past Perfect Progressive)

Analog dazu wird dieses Tempus nach dem Schema der Verlaufsform des Perfekts gebildet. Der Unterschied ist, dass hier die gesamte Handlung in der Vergangenheit liegt:

I had been walking usw.

Beispielsweise: 'I had been walking for hours and had still not reached the mountain when it began to rain.'

Unregelmäßige Verben

Einige Verben richten sich zwar nach den allgemeinen Regeln der Konjunktion, doch sie haben besondere Flexionsformen. Zu den wichtigsten unregelmäßigen Verben gehören *to be* und *to go*.

Einfache Gegenwart (Simple Present) / Vergangenheit (Past Tense)

I am / was	I go / went
You are / were	You go / went
He / she / it is / was	He / she / it goes / went
We are / were	We go / went
You are / were	You go / went
They are / were	They go / went

Verlaufsformen der Gegenwart (Present Progressive) / Vergangenheit (Past Progressive)

I am going / I was going usw.

Perfekt (Present Perfect)

I have been / I have gone usw.

Einfaches Plusquamperfekt (Past Perfect)

I had been / I had gone usw.

Verlaufsform des Plusquamperfekts (Past Perfect Progressive)

I had been being / I had been going usw.

Partizipien

Partizipien sind Verbformen, die gemeinsam mit einem Hilfsverb die verscheidenen Perfekt-Zeiten bilden. In den vorangegangenen Beispielen erscheinen die Formen des Partizip Präsens *(Present Participle)* *walking*, *being* und *going* sowie des Partizip Perfekt *(Past Participle)* *walked*, *been* und *gone*.

Falscher Gebrauch von Partizipien

Besonders im Zusammenhang mit den Verben to sit *und* to stand *hat es sich eingebürgert, anstelle des Partizip Präsens das Partizip Perfekt zu verwenden. So sagen manche Leute 'I was* sat *on the bus when it began to snow', oder 'He was* stood *watching the carnival'. Diese Ausdrucksweise ist jedoch nur korrekt, wenn man tatsächlich ein Passiv bilden möchte – wenn also jemand anderes den Sprecher in den Bus gesetzt oder den Mann an den Straßenrand gestellt hat, als seien sie kleine Kinder oder Spielfiguren.*

In beiden Beispielen ist das Partizip Präsens die korrekte Form: 'I was sitting *in the bus when it began to snow' und 'The man was* standing *watching the carnival'. (Hier kann man die Wiederholung der* -ing-*Endung nicht vermeiden.)*

Das Partizip Präsens lässt sich auch als Substantiv verwenden. Dann kann ein Verb zum Gegenstand eines Satzes werden: 'Walking is good for you.'

Außerdem kann es Teil eines Verbs sein: 'She was walking down the street.'

Und es kann als Adjektiv erscheinen: 'The walking man disappeared round the corner.'

Das Partizip Perfekt wird bei der Bildung des Passivs eingesetzt: 'The burglar was walked to the police station', und es kann zum Adjektiv werden: 'That is a well-walked dog.'

Die Zukunftsformen *(Future Tenses)*

Es gibt viele verschiedene Arten, über kommende Ereignisse zu sprechen.

Wir können das einfache Präsens *(Present Tense)* verwenden: 'The train *leaves* at 11 a. m. tomorrow.'

Wir können *will, shall* (in der Regel nur in der 1. Person, Singular oder Plural) oder *going to* vor den Infinitiv des Verbs stellen: 'He *will give* a talk at next week's conference'; 'I *shall go* there tomorrow'; 'We *are going to play* cards on Saturday'.

Als Verlaufsform kann man entweder die Verlaufsform der Gegenwart *(Present Progressive)* verwenden: 'I *am going* there next week'; 'They *are visiting* us in August'; 'What *are you doing* next week?' …

Oder man bildet die Verlaufsform des Futur *(Future Progressive)*, indem man *will be, shall be* oder *going to be* vor das Partizip stellt. 'He *will be going* there next week'; 'I *shall be flying* to Australia tomorrow'; 'I'm *going to be clearing* the house on Saturday'.

Wir können die einfache Form des Perfekts *(Present Perfect)* mit *will* kombinieren: 'On Monday I *will have had* the dog for three weeks.'

Und ebenso seine Verlaufsform *(Present Perfect Progressive)* mit *will* verwenden: 'By the end of next month, they *will have been married* for six years.'

Und so weiter …

Adjektive und Adverbien: beschreibende Wörter

Was ist ein Adjektiv?

Adjektive beschreiben Substantive oder Pronomen näher oder vermitteln Zusatzinformationen. Diese Informationen können verschiedener Natur sein. Sie können:

– eine Anzahl oder Menge angeben: *sixteen, five hundred, a few* usw. (Siehe auch unter »**Determinatoren**, S. 57«)

- Eigenschaften benennen: Farbe, Größe, Aussehen, Verhaltensweisen usw.: *blue, large, sunny, bad-temprered, slow, gloomy, kind*
- Besitz anzeigen: *my, her, your, their* (auch das sind **Determinatoren** bzw. **Pronomen**)
- oder auf etwas hinweisen: *this, that, these, those* (auch hierzu siehe »**Pronomen**« und »**Determinatoren**«)

Adjektive können in einem Ausdruck vor dem Substantiv stehen, es bewerten und uns etwas über seine Eigenschaften verraten. Das Adjektiv ist in diesem Fall ein **Attribut**: 'The *tall* tree', 'The *yellow* ball'.

Stehen Adjektive getrennt von ihrem Bezugswort, so ist immer auch ein Verb nötig: 'The tree is *tall*'; 'The ball is *yellow*'.

Adjektive kommen dann ins Spiel, wenn wir uns genau ausdrücken möchten: 'Please pass me the *blue* book' – und nicht das rote oder das schwarze; 'Take the *right-hand* turn' – sonst verfährt man sich am Ende noch; 'Exam candidates have *two* hours in which to complete this paper' – also ran an die Arbeit.

Sie können Zuhörern und Lesern auch dabei helfen, sich Dinge besser vorzustellen oder sie besser zu verstehen: 'The dog was *savage*'; 'It was a *glorious* day'.

Adjektive helfen uns, Substantive voneinander abzugrenzen. Sie verdeutlichen, dass nicht irgendein hundsgewöhnliches Weihnachtsfest vor der Tür steht,

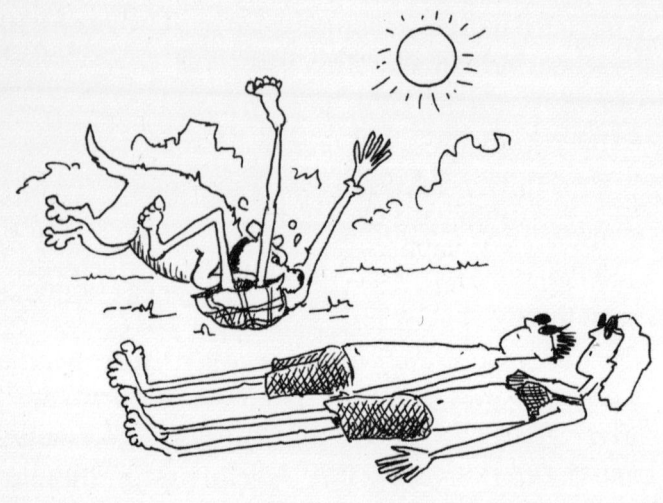

sondern in diesem Jahr tatsächlich *white Christmas*. Ein Weihnachtsfest, das etwas Besonderes ist, weil Schnee liegt und die Welt daher *verzaubert* aussieht und alles, was wir uns wünschen, *wahr* wird. Adjektive setzen die Fantasie in Gang und lassen Bilder in unseren Köpfen entstehen.

Adjektive verraten uns, wie unser Abendessen ausgefallen ist: *scrumptious, comforting, delicious, nutricious, processed, fresh, sour, hot, heavy, indigestible* oder sogar *inedible*. Und sie bewerten Bücher: *compelling, unreadable, derivative, unputdownable, boring* oder *thrilling*.

Vergleich und Metapher

Beide Stilfiguren beschreiben ein Objekt näher, indem sie es mit etwas völlig anderem gleichsetzen bzw. in Verbindung bringen.

Bei einer **Metapher** *kommt häufig – wenn auch nicht immer – das Verb* to be *zum Einsatz; etwa in* 'A good book is a constant friend'. *Auch die folgenden Ausdrücke enthalten Metaphern:* 'relations were starting to thaw' *(zwischenmenschliche Beziehungen werden mit Eis gleichgesetzt);* 'the salesman landed the contract' *(der Vertreter wird zum Angler und der Vertrag zum Fisch) oder* 'he had a velvet voice' *(die Stimme hat die gleichen Eigenschaften wie ein Stoff).*
Ein **Vergleich** *ist etwas direkter und arbeitet mit Signalwörtern wie* like *oder* as: 'Jim danced to the music like a wave on the sea' *oder* 'Under her wig, Irene was as bald as a billiard ball'.

Ein guter Text zeichnet sich durch eine gelungene Wortwahl und einen passenden Tonfall aus. Verwenden Sie Adjektive, wenn sie zur Klarheit beitragen. Aber seien Sie nicht zu freigiebig. Es ist eine gute Grundregel für die Gestaltung englischer Texte, sich vor allem klar und einfach auszudrücken – sei es in mündlicher oder schriftlicher Form. Fügen sie Ergänzungen wie Adjektive und Adverbien nur dann hinzu, wenn sie ihren Text bereichern.

For better or for worse:
Adjektive im Komparativ

Vielleicht möchten Sie einmal zwei Dinge oder Menschen vergleichen – dazu verwenden wir Adjektive im **Komparativ**. Um den Komparativ zu bilden, hängen wir in der Regel die Endung *-er* an (oder *-r*, wenn der letzte Buchstabe bereits ein *e* ist): 'Ben is *taller* than Bill'; 'The Mississippi is *wider* than the Seine'.

Eine Ausnahme ist *far* – in der Steigerung wird es zu *farther* oder *further*.

Hat ein Adjektiv nur eine Silbe und es stehen ein Vokal und ein Konsonant am Ende, verdoppelt man den Konsonant und fügt *-er* hinzu: *fat/fatter; wet/wetter*. 'That is the *lesser* of our problems.'

Besteht das Adjektiv aus zwei Silben und endet auf *y*, verwandelt sich das *y* in ein *i* und *-er* wird angehängt: *happy/happier; ugly/uglier*.

Bei längeren Adjektiven und zweisilbigen Wörtern, die nicht auf *y* enden, stellt man das Wort *more* voran: '*more* boring'.

Weitere Ausnahmen sind *good* und *bad*, deren Komparativ *better* bzw. *worse* lautet.

Bei einem Vergleich steht das Wort *than* in der Regel gleich hinter dem Adjektiv: 'Your dog is *uglier* than mine.'

Es gibt jedoch Ausnahmen. So sagen wir etwa: 'Of the two dogs, yours is the *uglier*' oder 'Bill is tall, but Ben is *taller*'.

Vergleicht man nur zwei Menschen miteinander, so verwendet man immer den Komparativ. 'Bill and Ben are brothers – Bill is the *older* brother' (oder 'Bill is the *elder*') **nicht** 'the *oldest*' (oder 'the *eldest*'). (Und auch 'Bill is *elder* than Ben' ist nicht korrekt.) Haben die beiden jedoch eine Schwester, die jünger als Bill ist, dann kann man Bill 'the *oldest* of the three children' nennen.

Und ebenso: 'Of those two essays, yours is the *worse*'; aber 'Of those three essays, yours is the *worst*'. (Du liebe Güte …)

The best, the worst and the ugliest: Adjektive im Superlativ

Den **Superlativ** setzen wir ein, wenn wir mehr als zwei Dinge miteinander vergleichen. Beim Bilden des Superlativs fügen wir *-est* oder *-st* immer dort hinzu, wo im Komparativ *-er* oder *-r* stehen würde: 'Ben is the *tallest* of the three'; 'The Amazon is the *widest* river in the world'.

Die Superlative der beiden Extrawürste *good* and *bad* lauten *best* und *worst*. Im Superlativ bildet auch das Wort *less* eine Ausnahme – *least*: 'That is the *least* of my problems.'

Das Schema der verdoppelten Konsonanten wird auch im Komparativ fortgesetzt: *fatter / fattest; wetter / wettest*.

Bei längeren Adjektiven wird das *more* des Komparativs durch *most* ersetzt: '*most* interesting'.

In der Regel wird dem Superlativ der Artikel *the* vorangestellt: 'It is *the wettest* place on earth'; 'He chose to go to *the furthest* country he could find'; 'That is *the ugliest* dog I have ever seen'; 'That is *the most boring* speech he's ever given'; 'We get *the best* pupils here, and *the worst*'.

Was ist ein Adverb?

Adverbien stehen im gleichen Verhältnis zu Verben wie Adjektive zu Substantiven. Sie beschreiben ein Verb näher – also *wie* eine Handlung abläuft. Meist werden sie gebildet, indem man *-ly* an ein Adjektiv anhängt, zumindest immer dann, wenn es sich dabei um ein Eigenschaftswort im engeren Sinn handelt: etwa bei *happily, playfully, sunnily, bad-tempreredly, slowly, gloomily, kindly* und so weiter. Beachten Sie, dass ein *y* am Wortende beim Adverb in der Regel zum *i* wird. Doch es gibt Ausnahmen, z. B. *shyly*.

Es gibt noch weitere Methoden, aus Substantiven und Adjektiven Adverbien zu bilden, doch sie sind seltener und weichen stark von der Regel ab: down-*wards*, gramar-*wise*, old-*style* usw.

Adverbien können auch die **Zeit** und den **Ort** einer Handlung angeben: 'We will catch the London train *tomorrow*'; 'My teacher worked *far away*'.

Sie können auch **Zahlwörter** oder **Pronomen** näher bestimmen: 'There were *almost* a hundred books on my reading list'; '*All* those buildings are to be demolished'.

Außerdem werden Adverbien häufig eingesetzt, um **Adjektive** näher zu bestimmen: 'She is *extremely* pretty'; 'I am *very* tired'.

Manchmal bestimmen sie sogar **andere Adverbien** näher: 'You did *very* well.'

In anderen Fällen können Adverbien auch die Form von Phrasen oder Teilsätzen (letztere enthalten ein Verb; siehe S. 72) annehmen: 'We came back from holiday *very reluctantly indeed*' (adverbiale Bestimmung); 'We came back from holiday *in time to start school*' (Adverbialsatz).

Das seltsame Adverb *quite*

Beachten Sie die unterschiedlichen Bedeutungen des Adverbs quite. *Es kann soviel wie »einigermaßen« oder »recht« aber auch »sehr« oder »ganz besonders« bedeuten.* 'He is quite *nice' (nicht betont) bedeutet: Er ist ganz in Ordnung, aber nichts Besonderes;* 'He sewed on the button quite *well' (leichte Betonung auf* quite *und ansteigende Satzmelodie auf* well) – *hier heißt* quite well *ziemlich, überraschend gut.* 'This is quite *gorgeous' (Betonung auf* quite): *Es ist ganz besonders lecker;* 'He is quite the nicest man I've ever met' *(Betonung auf* quite): *Er ist sehr nett.* 'Yes, quite' *(gleichmäßig betont): Da stimme ich voll und ganz zu.* 'This is quite *an improvement' (leichte Betonung auf* quite): *Jetzt ist es viel besser.*

Und natürlich kann bei nervösem Tippen quiet *dabei herauskommen. Also Vorsicht! Dieser Fehler passiert …* quite easily. *Machen Sie also nicht viel Lärm darum, sondern korrigieren Sie ihn* quite quietly.

Die Stellung des Adverbs

Adverbien können meist ganz unterschiedliche Positionen im Satz einnehmen, vor oder nach dem Verb oder dem Objekt, ohne dass es Verständnisschwierigkeiten gäbe. Etwa: 'The team captain scored both goals *skilfully*'; oder 'The team captain *skilfully* scored both goals'. (Man könnte sogar sagen: '*Skilfully*, the team captain scored both goals', doch das klingt eher seltsam.)

Man kann sagen 'The rain fell *suddenly*'; oder '*Suddenly* the rain fell'.

Hat das Adverb mehr als drei Silben, entsteht meist ein angenehmerer Textrhythmus, wenn es gleich hinter dem Verb steht. Zum Beispiel: 'The politician spoke *eloquently* at the meeting' statt 'The politician *eloquently* spoke at the meeting' oder 'The politician spoke at the meeting *eloquently*'. Das zweite Beispiel ist durchaus korrekt und klingt nur etwas seltsam, aber im dritten ist das Adverb so weit vom Verb getrennt, dass der Sinn nahezu verloren geht. Konstruktionen wie diese sollte man möglichst vermeiden.

Manchmal kann die Position des Adverbs auch den Sinn eines Satzes verändern, etwa im Fall von *only*:

> 'I *only* kicked the dog once' – Sinn: Ich habe ihm doch nichts Schlimmes angetan.

> 'I kicked *only* the dog once' – Sinn: Andere Tiere wurden nicht getreten.

> 'I kicked the dog once *only*' oder 'I kicked the dog *only* once' – Sinn: Ich habe ihn nicht zweimal getreten.

Folgen Sie in solchen Fällen Ihrem Sprachgefühl. Lesen Sie Ihren Satz noch einmal – notfalls auch laut – und schon machen Sie viel seltener Fehler.

Better and worse: Adverbien im Komparativ

Ganz allgemein gesprochen zeigen Adverbien im Komparativ, wo eine Sache oder eine Person besser oder schlechter abschneidet als ihr Gegenüber. Endet das Adverb auf *-ly* wird *more* davor gestellt: *quickly/ more quickly; reluctantly/more reluctantly.* Das Gegenteil drücken Sie mit *less* aus: 'You drove *less well* during the test than in the lessons.' Das klingt gleich etwas freundlicher als *worse*.

Hat das Adverb die gleiche Form wie das Adjektiv, so wird *-er* angehängt – ganz so wie beim Adjektiv selbst: 'Amina ran fast but Carla ran *faster*.' Vielleicht etwas verwirrend.

Und was treiben unsere Extrawürste? Das Adverb zu *good* lautet *well*, wird aber ebenfalls zu *better* gesteigert, und aus *badly* wird *worse*. Adverb und Adjektiv sind also im Komparativ gleich.

George plays football *well* but Hassan plays *better*.

I did *badly* yesterday – but today I'm doing *worse*.

The worst and the best: Adverbien im Superlativ

Endet das Adverb auf *-ly*, so bildet man den Superlativ, indem man *most* davorsetzt: 'The doctor stiched up the wound *most skilfully*.'

Hat das Adverb die gleiche Form wie das Adjektiv, wird *-est* angefügt: 'Of the three athletes, Hans ran *the fastest*.'

Und *well* und *bad*? Ihr Superlativ lautet *the best* bzw. *the worst*. Aus *less* wird übrigens *the least* – etwa in 'Jo ran *the least* fast'.

Adjektiv oder Adverb

Ein häufiger Fehler, der eher im mündlichen als im schriftlichen Gebrauch auftritt, ist die Verwechslung von Adjektiv und Adverb: 'You'll have to move quick if you want to catch the train'; 'He crept timid through the city'; 'You did good'.

Move, crept *und* did *sind Verbformen,* quick, timid *und* good *Adjektive. Adjektive sind jedoch für Substantive zuständig, während ein Verb ein Adverb verlangt – die drei Beispiele sind also falsch.*

So ist es richtig: 'You'll have to move quickly if you want to catch the train'; 'He crept timidly through the city' *und* 'You did well'.

Pronomen: *his* und *hers*

Personalpronomen

Ein Pronomen (auch: »Fürwort«) ist ein Wort, das anstelle eines Substantivs (Nomens) steht – etwa wenn jemand oder etwas bereits erwähnt wurde.

Die häufigsten Pronomen, die als **Subjekt** des Satzes auftreten (die also die Person oder die Sache bezeichnen, die eine Handlung ausführt), sind *I, you* (im Singular oder Plural), *he, she, it, we* und *they* – wie in 'He took down the book'. (Hier ist *the book* das Objekt.)

Die häufigsten Pronomen in der Funktion eines **Objekts** sind *me, you* (im Singular oder Plural), *him, her, us* und *them* – wie in dem Satz 'The large dog knocked *him* over'.

Possessivpronomen

Possessivpronomen (oder besitzanzeigende Fürwörter) sind *mine, yours* (im Singular oder Plural), *his, hers, ours, theirs*. Etwa in 'That hat is *mine*, not *yours*'; 'That white house is *theirs*'. *My, your, his, her* und *their* sind ebenfalls Possessivpronomen und gelten als **Determinatoren** (siehe S. 57).

Richtiger Gebrauch von Personalpronomen

Im Mündlichen wie im Schriftlichen dienen Personalpronomen dazu, Namen und andere Substantive nicht ständig wiederholen zu müssen. Achten Sie aber darauf, dass immer klar ist, auf wen oder was Sie sich beziehen. Aus einem Satz wie dem folgenden wird niemand mehr schlau, und es bleibt unklar, von wie vielen Personen die Rede ist: 'And then **she** *said to* **her** *that* **he** *had gone to see* **her** *but* **she** *was out so* **he** *went to* **his** *friend's house and* **he** *said that* **she** *was driving in* **his** *car to see* **her** *friend …'*

Reflexivpronomen

Diese Pronomen zeigen an, dass jemand oder etwas eine Handlung an oder für *sich selbst* ausführt:

> We cooked *ourselves* a delicious supper.
> The dog scratched *itself*.
> The wobbly chair righted *itself*.

Weitere Pronomen

Indefinitpronomen setzen wir dann ein, wenn wir nicht definieren können, welche Personen oder Dinge genau gemeint sind:

> Is there *anything* in there?
> *Who*'s going to lead the trek?
> *Someone* has put mud on the carpet.
> *Many* are called, but *few* are chosen.

Interrogativpronomen werden auch *wh-words* genannt, denn sie fangen alle mit *wh-* an: *who, whom, which* und *what*. Sie werden in Fragen eingesetzt. Entscheidend ist dabei, nach welchem Satzteil gefragt wird: nach dem Subjekt, dem Objekt usw.

Who left those footprints on the floor? (Subjekt)
Whose are those suitcases in the hall? (Subjekt im Genitiv – »Wessen sind …«)
Which path shall we take? (Objekt)
To whom shall we give these cakes? (Indirektes Objekt)

Demonstrativpronomen sind **Determinatoren** (siehe S. 57) und werden besonders häufig mündlich verwendet, wenn wir tatsächlich durch Zeigen oder in anderer Form auf den fraglichen Menschen oder Gegenstand hinweisen können:

This is the dress I bought.
Those potatoes will never feed us all.
These are my brothers.

Relativpronomen verbinden Haupt- und Relativsätze (siehe S. 73) miteinander. Ist eine Person das Subjekt des Hauptsatzes, so lautet das entsprechende Pronomen im Relativsatz *who* (ist sie das Objekt, verwendet man *whom*). Bei Gattungsnamen *(common nouns)* als Subjekt, wird *that* oder *which* benutzt.

> Jean was the person *who* led the expedition.
> The expedition *that* I went on was not led by Jean.
> Pietro joined the expedition in *which* I climbed the mountain.
> He was the person *whom* I trusted to lead us.

Im mündlichen Sprachgebrauch wird heute häufig das kürzere *who* anstelle von *whom* verwendet. Möglicherweise sind sich viele Sprecher unsicher, was richtig ist, oder es ist sogar Zeichen eines besonderen Selbstbewusstseins. Im Schriftlichen ist jedoch immer *whom* gefordert, wenn man sich formell und korrekt ausdrücken will.

Weitere Wortarten …
… also der ganze Rest

Präpositionen: *over, under, sideways, down*

Präpositionen geben an, in welchem (zeitlichen, räumlichen oder anderen) Verhältnis ein Substantiv oder Pronomen zu den anderen Satzteilen steht.

Anders gesagt geben Präpositionen an, wo sich etwas befindet oder wann etwas stattfindet – und zwar in Relation zu etwas anderem. Zum Beispiel: 'The man *on* the platform' oder 'He arrived *after* dinner'.

Es gibt über hundert Präpositionen im Englischen, doch die meisten beschäftigen sich mit Raum und Zeit:

- Zu den Präpositionen, die Zeitverhältnisse ausdrücken, gehören: *before, after, during, at, by, for, since*
- Räumliche Verhältnisse beschreiben: *under, over, on, off, through, down* oder *around*.

Manchmal können Präpositionen aus zwei oder drei Wörtern bestehen: *owing to, because of, off of, in spite of, with reference to, in accordance with, except for* usw. Die meisten davon sind eher selbsterklärend, und sie werden meist in einem ganz bestimmten Kontext verwendet. Man kann sich also leichter sicher sein, den korrekten Ausdruck zu verwenden.

Dagegen sind sich viele manchmal unsicher, welche der kürzeren Präpositionen gerade die richtige ist – warum heißt es zum Beispiel 'I see you *on* Monday', aber 'I'll see you *at* four o'clock' und 'I'll see you *at* the weekend'? (Die Tendenz geht tatsächlich gerade dahin, '*on* the weekend' zu sagen – möglicherweise beeinflusst durch den Gebrauch in den USA.) Im Zweifel schlagen Sie in einem guten Wörterbuch oder einer Englisch-Grammatik nach.

Up with it put

Vor einigen Jahren war es noch ein Streitpunkt, ob man einen Satz mit einer Präposition beenden darf oder nicht. Winston Churchill – zweifelsohne ein wahrer Meister des sprachlichen Ausdrucks – ließ erkennen, wie ungelenk die Sprache bei einem solchen Verbot werden kann: 'This is the sort of English up with which I will not put.'

Heute ist es weithin akzeptiert, eine Präposition ans Ende eines Satzes zu setzen, wenn es denn nötig ist. Wenn Sie sich ganz auf Sinn und Verstand und ihr Sprachgefühl verlassen, greifen Sie sicher nicht daneben.

This, *that* und *the other*: Determinatoren

Determinatoren haben mit Pronomen und Adjektiven die Eigenschaft gemeinsam, dass sie mehr über ein Substantiv verraten. Doch sie beschreiben es nicht näher, sondern spezifizieren genau, welche Person oder Sache gemeint ist. Manche Adjektive und Pronomen sind Determinatoren – ebenso wie die **bestimmten** und **unbestimmten Artikel** *(the, a, an)*.

Anders als Adjektive und Possessivpronomen können Determinatoren jedoch nie getrennt von dem Substantiv stehen, zu dem sie gehören. '*My* book', '*Our* house', '*The* dog', '*That* man' usw.

Zu den Determinatoren gehören außerdem:

Demonstrativpronomen: *this, that, these, those, yonder*

Indefinite Determinatoren: *some, few, less, several, many, much, neither* usw.

Zahlen: und zwar Kardinalzahlen *(one)* ebenso wie Ordnungszahlen *(the first)*

Bestimmt oder unbestimmt: die Artikel

Der Unterschied zwischen bestimmten und unbestimmten Artikeln *(definite* bzw. *indefinite articles)* geht schon aus den Begriffen hervor – *the* bezieht sich auf eine *bestimmte* Sache oder Person – wir nehmen an, dass Leser oder Hörer bereits wissen, von wem oder von was wir sprechen: 'Mary took *the* dog for a walk'; '*The* house needs re-decorating'. Ersetzen wir *the* durch *a,* reden wir von irgendeinem (also einem *unbestimmten*) Hund oder Haus.

Der Gebrauch von **an** richtet sich nach dem ersten Laut des folgenden Wortes. Zwei separate Vokale lassen sich unmittelbar nacheinander nur schwerfällig aussprechen. Um sie klar voneinander zu trennen, verwenden wir **an,** wenn das Substantiv mit einem Vokal beginnt – etwa in '*an* elephant' oder '*an* understatement'. Das ist eleganter als der Kehlkopf-Verschlusslaut *(glottal stop),* den man in manchen Gegenden Großbritanniens in Sätzen wie 'Pass me *a* apple' hört.

Ebenso wird *the* vor Wörtern, die mit einem Vokal beginnen, als langes *thee* gesprochen. 'He is *thee* expert on Japanese painting'; '*Thee* umbrella is by the door'.

Zur besonderen Betonung können sowohl *a* als auch *the* gedehnt werden (man sprich etwa *ay* bzw. *thee*): 'No, not *your* car – *ay* car'; 'It is *thee* finest wine'.

Der Nullartikel

Manchmal verlangen Substantive weder einen bestimmten noch einen unbestimmten Artikel. Man spricht auch vom Nullartikel. So können wir allgemeingültige Aussagen machen: 'Home is where the heart is', 'Ink will stain your clothes'; 'Anger is a destructive emotion'.

Konjunktionen: *not only*, *but also*

Die englische Sprache kennt zwei Hauptkategorien von Konjunktionen oder Bindewörtern: koordinierende (beiordnende) und subordinierende (unterordnende) Konjunktionen.

Koordinierende Konjunktionen *(coordinating conjunctions)* fügen Satzteile zusammen, die gleichrangig sind. Die am weitesten verbreitete Konjunktion dieser Kategorie ist *and*: 'The Orient Express stopped at Strasbourg *and* Vienna *and* Budapest *and* Bucharest'; 'The boys came home hungry *and* tired *and* dirty'.

Die Liste der Substantive oder Adjektive, die sich auf diese Weise mit *and* verbinden lassen, kann endlos sein, und doch ist jedes einzelne Element gleich wichtig.

Ganz ähnlich verhält es sich mit *but*, das Elemente einander kontrastiv gegenüberstellt, und *or*, das Elemente, die zur Auswahl stehen, verbindet: 'Cycling to work is better for your health, *but* getting the train is quicker'; 'I don't know whether to cycle *or* get the train this morning'.

Die Optionen »Radfahren« und »den Zug nehmen« sind in diesen Beispielen gleichrangig – zumindest aus grammatikalischer Sicht.

Subordinierende Konjunktionen *(subordinating conjunctions)* sind etwas komplexer als koordinierende

Konjunktionen. Sie fügen Satzteile zusammen, die nicht gleichrangig sind. Der zweite Satzteil ist also dem ersten untergeordnet. Zum Beispiel: 'We will go for a walk *when* the snow has melted.'

Der Hauptsatz ist hier 'We will go for a walk'; dem ist 'the snow has melted' untergeordnet, und die Konjunktion *when* verbindet beide Teilsätze.

Die Konjunktionen, denen man am häufigsten begegnet, sind *although, and, because, but, if, or, so, unless, when* und *while*.

Es gibt eine alte Regel, die besagt, es sei falsch, einen Satz mit *And* oder *But* zu beginnen. Manche Schulen mögen diese Ansicht noch vertreten, doch es konnte bislang noch niemand eine stichhaltige Begründung liefern. Selbstverständlich sollte man Überflüssiges weglassen – doch seit jeher setzen unsere größten Schriftsteller *And* und *But* stilistisch gekonnt am Satzanfang ein. Man kann diese Regel also vernachlässigen. Aber mit Fingerspitzengefühl.

Wenn *and* für *to* steht

And *ist ein Bindewort – es verbindet Wörter, Zahlen, Neben- oder Hauptsätze, und manchmal verwendet man es, um zusätzliche Kommentare einzuleiten. Dann bedeutet es sozusagen auch* also *oder* as well.

Doch manchmal steht es auch anstelle des Wortes* to, *dem Bestandteil des Infinitivs, etwa in* 'We should go and buy a new alarm clock'. *Hier sagt man besser* 'We should go to buy a new alarm clock'.

Warum ein einfaches kurzes Wort hier oft durch ein anderes ersetzt wird, bleibt unklar. Vielleicht entsteht spontan der Eindruck, die beiden Verbformen (in diesem Falle* go *und* buy*) müssten durch eine Konjunktion verbunden werden. Diese Art der Satzkonstruktion hat sich umgangssprachlich etabliert, sollte im formellen Schriftverkehr aber besser vermieden werden.*

Präfixe und Suffixe

Eine der zahlreichen Möglichkeiten zur Bildung neuer Wörter im Englischen ist die Affigierung, also das Hinzufügen eines **Präfixes** *am Wortanfang oder eines* **Suffixes** *am Wortende. Während manche Präfixe die Bedeutung des Ausgangswortes verändern oder anpassen (wie in* understaffed *oder* outclassed *beispielsweise), verkehren andere seinen Sinn in das komplette Gegenteil; wie etwa in* disbelief, unfriendly *oder* demystify. *Dis-, un- und de- sind die drei häufigsten Präfixe, die aus einem positiven Ausdruck einen negativen machen.*

Eines der geläufigsten Suffixe ist -ise/-ize, das aus einem Substantiv oder Adjektiv ein Verb macht: real/realize *oder* critic/criticize *usw. Durch das Suffix -ly wird ein Adverb gebildet:* real/really; *-ity macht aus einem Adjektiv ein Substantiv:* similar/similarity.

Sinnvolle Sätze:
der richtige Satzbau

Wenn wir uns im Englischen klar und exakt ausdrücken möchten, müssen wir vor allem die Regeln des Satzbaus verstehen und anwenden – die richtige Reihenfolge der Satzglieder ist für die Bedeutung der mündlichen und schriftlichen Sprache entscheidend.

Im vorangegangenen Kapitel haben wir uns nahezu alle möglichen Satzbausteine angesehen: Substantive, Verben, Adjektive, Adverbien, Präpositionen und Konjunktionen – aus ihnen kann man Phrasen, Teilsätze und Hauptsätze bilden. Laut einer möglichen Definition ist ein Satz eine grammatische Einheit, die aus einem **Subjekt** (meist ein Substantiv) und einem **Prädikat** besteht (das wiederum mindestens ein Verb umfasst). Gemeinsam bilden sie eine Einheit, die einen inhaltlich vollständigen Gedanken wiedergibt: 'The baby [Subjekt] cried [Prädikat].'

Dieses Beispiel ist bereits ein einfacher Satz, denn er ist in sich geschlossen. Zu etwas komplexeren Sätzen gehört auch ein **Objekt**. Das Objekt wird im englischen Sprachraum auch manchmal *victim* genannt: Es ist das Substantiv, auf das das Subjekt durch seine

Handlung einwirkt. Zum Beispiel: 'The child [Subjekt] dropped [Prädikat] the doll [Objekt].'

Das Subjekt steht immer am Anfang der Satzstruktur, während der Rest des Satzes uns nähere Informationen über das Subjekt vermittelt. Würden Subjekt und Objekt die Stellung im Satz tauschen, so wäre der Sinn des Satzes verkehrt. In unserem Beispiel würde die Puppe das Kind fallen lassen. Stehen die Satzglieder in der falschen Reihenfolge, wird also aus dem, was wir sagen möchten, Nonsens.

In ganz einfachen Sätzen, folgt auf das Subjekt das Prädikat. Ist das Verb **intransitiv** – d. h. ergibt sich auch ohne ein Objekt eine sinnvolle Aussage –, entsteht allein aus der Verbindung 'Subjekt plus Prädikat' ein vollständiger Satz: 'The rain fell.' (Subjekt – Prädikat) Verwenden wir jedoch ein **transitives** Verb, also eines, das ein Objekt fordert, müssen wir den Satz um ein drittes Element ergänzen: 'Jennifer caught the measles.' (Subjekt – Prädikat – Objekt) 'Jennifer caught' ergibt ohne Objekt keinen Sinn.

Sehr kurze Sätze wie die vorangegangenen Beispiele können manchmal eine dramatische Wirkung erzeugen – 'Her heart broke' – doch damit sollte man sparsam umgehen. Reiht man solche einfachsten Sätze aneinander, klingt es meistens unbeholfen – eher wie die ersten Schreibversuche eines Kindes.

Die Wortstellung spielt auch eine Rolle im Zusammenhang mit dem Modus eines Satzes und entscheidet mit über Aktiv und Passiv (vgl. S. 67).

Was ist der Modus?

Das Word »Modus« (engl. *mood* und manchmal *mode*) kommt aus dem Lateinischen und bedeutet »Art und Weise«. Der Modus des Verbs zeigt die Sichtweise des Sprechers oder des Schreibenden an.

Aussagen über Fakten stehen im **Indikativ** *(indicative mood)*: 'It is raining today'; 'My new car is blue'.

Wenn wir eine Frage stellen, verwenden wir den **Interrogativ** *(interrogative mood)*. Dabei steht *vor* dem Subjekt ein Hilfsverb (hier *has*): 'Has the baker sold out of bread?'

Der **Imperativ** *(imperative mood)* ist für Befehle zuständig: 'Go and get your bag'; 'Shut the door'.

Den **Konjunktiv** *(subjunctive mood)* verwenden wir schließlich, um Hypothesen, Aussagen über irreale Dinge, Wünsche, Vorschläge, Hoffnungen oder Dringendes auszudrücken. Meistens bemerken wir im Englischen den Konjuktiv gar nicht, da sich nur die Formen von *to be* bzw. die 3. Person Singular (he / she / it) des Präsens ändern. Die Konjunktivformen von *to be* sind *be* und *were*. Andere Verben verlieren in der 3. Person Singular Präsens ihr *-s* bzw. *-es* am Ende:

'I wish I *had* more time to paint'; 'I wish I *were* able to draw like that'; 'If she *were* less rude she would have more friends'; 'I suggest that he *come* at the weekend'; 'It is vital that you *be* at the meeting'.

If she were less rude she would have more friends.

Aktiv und Passiv: *Do as you would be done by*

Steht ein Satz im **Aktiv**, so führt das **Subjekt** des Satzes eine Handlung aus. Im folgenden Beispiel ist der Mann das **Subjekt** und das Auto das **Objekt**.

> The man washes his car.

Ganz einfach. Das Subjekt führt eine Handlung am Objekt aus. Im **Passiv** ist es jedoch das Subjekt, an dem etwas ausgeführt wird. Setzen wir den obigen Satz ins Passiv, so muss sich auch das Subjekt ändern (denn sonst würde das Auto den Mann waschen).

> The car is washed by the man.

Wie das Beispiel zeigt, klingen Passivsätze oft unschön und steif. Doch manchmal ist das Passiv auch nützlich – etwa wenn es nicht so sehr auf den »Täter« ankommt, sondern das »Getane« im Vordergrund steht: 'That house has been repainted inside and out' oder 'That house has been completely repainted by the landlord'.'

Es kann auch sein, dass die Handlung von einer unbekannten Person ausgeführt wurde: 'His bicycle was stolen'; 'The broken fence has been mended'.

Vielleicht möchte man auch niemanden direkt beschuldigen oder sogar die eigene »Täterschaft« nicht zugeben: 'The CDs were dropped on the floor' oder 'Top-secret papers were mislaid'.

Das Passiv kann uns also dienlich sein und lässt sich manchen Fällen gar nicht vermeiden. Doch treiben Sie es nicht zu weit – Sie klingen sonst schnell aufgeblasen oder aber ausweichend. Denken Sie daran, dass sie immer auch einem gewissen »Jemand« die Schuld in die Schuhe schieben können:

'Someone has dropped mud all over the floor';
'Someone has mislaid top-secret papers'.

Einfache Sätze, erweiterte Sätze, Satzgefüge

Schauen wir uns jetzt unterschiedliche Satztypen an – von einfach bis komplex.

Einfache Sätze

Wir haben bereits erfahren, dass einfache Aussagesätze einen festgelegten Satzbau haben: **Subjekt – Prädikat – Objekt**. In vielen Fällen folgt noch ein **indirektes Objekt**. Nur wenn wir als indirektes Objekt ein

Pronomen einsetzen *(me, them, us* usw.*)*, steht es *nicht* am Ende. Und auch wenn wir eine Frage stellen, etwas ausrufen oder den Konjunktiv benutzen, ändert sich die Satzstruktur. In einem *Aussagesatz* jedoch müssen die Satzglieder immer in dieser Reihenfolge stehen:

> Granny put the Christmas present on the table.
> (Subjekt – Prädikat – Objekt – indirektes Objekt)

Die bereits angesprochene Ausnahme tritt dann ein, wenn wir anstelle eines Substantivs ein Pronomen als **indirektes Objekt** verwenden. Gibt meine Großmutter »mir« das Weihnachtsgeschenk *(me)*, gilt ein anderer Satzbau. »Ich« ist der Empfänger, und das entsprechende Pronomen steht an einer anderen Position.

> Granny gave *me* the Christmas present.

Der neue Satzbau lautet nun **Subjekt – Verb – indirektes Objekt** *(me)* **– Objekt**. Immer wenn man diesen Satz so umstellen kann, dass beim Objekt *(me)* eine Präposition steht (etwa *to, by, with* oder *from)*, handelt es sich um ein indirektes Objekt.

> Granny gave the Christmas present to me.

Erweiterte Sätze

Erweiterte Sätze sind – Sie werden es vermutet haben – etwas komplexer als einfache Sätze. Sie enthalten zusätzliche Informationen, verpackt in **Nebensätzen**. Nehmen wir einmal unseren *Granny*-Satz und setzen eine Konjunktion (ein »Bindewort«) davor, dann bemerken wir, dass eine Ergänzung notwendig wird:

> *Although* Granny put the Christmas present on the table ...

Aus einem einfachen Satz ist ein unfertiges Fragment geworden, das nur durch zusätzliche Informationen vervollständigt werden kann. Fügen wir also welche hinzu und schauen wir, was passiert:

> *Although* Granny put the Christmas present on the table, she had forgotten to wrap it.

Das ist ein vollständiger, sinnvoller erweiterter Satz. Aus unserem ursprünglichen Satz ('Granny put the present on the table.') ist ein **Nebensatz** geworden, und die Zusatzinformation bildet den entsprechenden **Hauptsatz**. Beide werden durch die Konjunktion *although* zusammengefügt.

Unterordnende Konjunktionen (*subordinating conjunctions*) verbinden Nebensätze mit Hauptsätzen. Dazu gehören *unless, since, whereas, while, if* oder *after*.

Satzgefüge

Zu einem erweiterten Satz, so haben wir gerade gesehen, gehört (mindestens) ein abhängiger Nebensatz, der nicht alleine stehen kann, und ein unabhängiger Hauptsatz – der allein stehen könnte. Ein **Satzgefüge** *(compound sentence)* umfasst dagegen mehrere gleichrangige Sätze, die alle unabhängig sind; die also in sich selbst einen Sinn ergeben. Sie werden durch eine Konjunktion verbunden – in der Regel *and, but* oder *or.* Hier ein Beispiel:

> I'll take the high road, **but** you'll take the low road.

Da beide Teile unabhängig sind, könnte man auch zwei einfache Sätze bilden:

> I'll take the high road. You'll take the low road.

Manche Satzgefüge bestehen sogar aus mehr als zwei gleichrangigen Sätzen.

Was erweiterte Sätze von Satzgefügen unterscheidet, ist zum Beispiel, dass die Teilsätze in erweiterten Sätzen durch **Konjunktionaladverbien** *(conjunctive adverbs)* verbunden sind, die etwas über das Verhältnis der Teilsätze zueinander verraten:

> They agreed, however, that the introduction of Tom to his new office and office companions could hardly fail to throw a light upon the subject; and **therefore** postponed its further consideration until after the fulfilment of the appointment they had made with Mr Fips.
> – Charles Dickens, *Martin Chuzzlewit*

His looks and words meant more to her than other men's, **because** she cared more for them.
– George Eliot, *Middlemarch*

In erweiterten Sätzen findet man eine riesige Menge unterschiedlicher Konjunktionaladverbien. Manche verdeutlichen zeitliche Verhältnisse: *at last, finally, later, next* usw. Andere verbinden Gegensätzliches: *instead, otherwise, on the contrary, on the other hand* usw. Manche leiten einen Abschluss oder eine Schlussfolgerung ein: *thus, finally, similarly, in addition* usw. Teilsätze, die durch einen dieser Ausdrücke eingeleitet werden, sind immer abhängige Nebensätze, die nur in Verbindung mit einem Hauptsatz einen Sinn ergeben.

Teilsätze und Phrasen

Ein erweiterter Satz lässt sich in unterschiedliche Wortgruppen einteilen, die man als Teilsätze und Phrasen bezeichnet.

Teilsätze

Wenn man den Satz als die wichtigste grammatische Einheit begreift, die in sich vollständig ist, dann ist der Teilsatz *(clause)* das nächstwichtige Element. Sätze sind aus Teilsätzen aufgebaut, doch nicht jeder Teilsatz kann für sich alleine stehen (auch wenn einfache Sätze aus einem einzigen Teilsatz bestehen). In der Regel vermittelt ein Teilsatz weitere Informationen über das Subjekt eines Satzes. Eine solche Ergänzung gilt immer dann als Teilsatz, wenn sie eine eigene Verbform enthält.

Doch Teilsatz ist nicht gleich Teilsatz: Hauptsätze können für sich alleine stehen; Nebensätze können es nicht. Nebensätze kann man wiederum in vier Untergruppen einteilen: *Subjekt/Objektsätze, Adverbialsätze, Relativsätze und Komparativsätze.*

Phrasen

Eine Phrase *(phrase)* besteht entweder aus einem einzelnen Wort oder einer Wortgruppe, die nicht für sich alleine stehen kann. Wenn man einen Satz in Phrasen gliedert, betrachtet man nicht dessen Subjekt-Prädikat-Struktur wie beim Aufteilen in Teilsätze. Man teilt ihn vielmehr in Phrasen ein, die nach ihrer Funktion bzw. ihrem Kernwort benannt sind, das durch weitere Wörter näher bestimmt wird. Es gibt *Adjektivphrasen, Adverbphrasen, Nominalphrasen, Verbalphrasen* und *Präpositionalphrasen.*

Schauen wir uns einige unterschiedliche Phrasen an:

When you see Sibyl Vane *[Adverbphrase]* you will feel *[Verbalphrase]* that the man who would wrong her *[Nominalphrase]* would be *[Verbalphrase]* a beast *[Nominalphrase]*, a beast without a heart *[Adjektivphrase]*.

> – Oscar Wilde, *The Picture of Dorian Gray*

A stream *[Nominalphrase]*, unseen but clamorous *[Adjektivphrase]*, fell echoing down *[Verbalphrase]* close at hand *[Adverbphrase]*.

> – Dorothy L. Sayers, *Hangman's Holiday*

Hier können wir erkennen, dass Kommas häufig zwischen den einzelnen Phrasen und dem Hauptsatz stehen. Durch diese Kommas wird der Satz leichter lesbar, denn wir machen beim Lesen eine kleine Pause zwischen der Hauptinformation und den weiteren Details.

Ein guter Satzbau ist immer wichtig, wenn wir uns klar ausdrücken möchten. Eine Phrase sollte daher immer möglichst nah bei dem Wort stehen, zu dem sie nähere Informationen liefert.

Die sieben Formen des Satzbaus

Man kann jeden Satz in eines von sieben Satzbau-Mustern einordnen. Folgende Satzglieder stehen zur Verfügung; als Kürzel verwenden wir immer den Anfangsbuchstaben:

S = Subjekt, P = Prädikat, O = Objekt, Pr = Prädikativ und A = adverbiale Bestimmung / Adjektiv

Aus diesen Bausteinen lassen sich die folgenden Kombinationen zusammenfügen:

S + P (bei einem intransitiven Verb):

'The dog barked.'

S + P + O (hier ist das Verb transitiv):

'The dog saw the postman.'

S + P + Pr

'The dog is an Alsatian.'

S + P + A   'The dog barks loudly.'

S + P + O + O   'The dog gave me a bite.'

S + P + O + Pr   'The dog got its paws wet.'

S + P + O + A

'The dog bit the postman on his ankle.'

Das sind sie, die glorreichen Sieben. Sobald eines der Satzglieder verändert oder weggelassen wird, geht der ursprüngliche Sinn verloren. Umstellungen sind in einem gewissen Rahmen möglich, doch davon abgesehen, bilden diese sieben Varianten das Grundgerüst für alle Sätze.

Das Prädikativ *(predicative complement)*

Noch ein Wort zum Prädikativ. Die meisten Verben ziehen ein direktes oder indirektes Objekt nach sich. Doch es gibt auch Ausnahmen. Glücklicherweise ist eine davon so verbeitet, dass wir ohne es zu ahnen mit ihr vertraut sind. Das Verb to be – *und ähnliche wie etwa* become, seem *usw. – zieht kein Objekt nach sich, sondern ein Prädikativ. Das bedeutet, dass das Subjekt und das, was darüber gesagt wird, eins sind. Zum Beispiel:*

She is a sculptor.
The stew tasted of caraway.

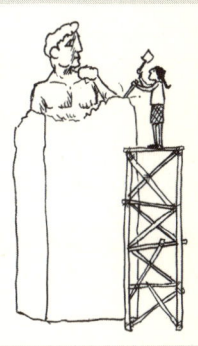

Die entsprechenden Verben nennt man Kopulativverben (copulative verbs) – *ein sprechender Begriff, denn es ist ihre besondere Funktion, zwei Teile eines Satzes miteinander zu vereinigen: das Subjekt und eben das, was darüber gesagt wird. Das Prädikativ kann ein Nomen (sculptor), ein Pronomen, ein Adverb oder ein Adjektiv (etwa* wet *in Bsp. 6 auf der vorangegangenen Seite) sein.*

Wegweiser – oder: Warum Satzzeichen wichtig sind

Ein Text ohne Satzzeichen, so ein bekannter Vergleich, ist wie Autofahren ohne Straßenschilder. Fehlten sie, so wären wir komplett orientierungslos, führen in unangemessenem Tempo in die falsche Richtung und sorgten für allgemeines Chaos. Lesen Sie mal einen Absatz ganz ohne Interpunktion, und Sie werden sofort zustimmen. Satzzeichen sind von entscheidender Bedeutung, denn sie signalisieren uns – unter anderem –, wann es Zeit ist anzuhalten, wo Atempausen angebracht sind oder wo ein neuer Gedanke beginnt. Wenn wir eine Frage stellen, können wir dem Leser mitteilen, dass wir fragen. Wenn wir rufen, etwas Dringendes sagen oder überrascht sind, dann können Satzzeichen auch das ausdrücken. Außerdem zeigen uns Satzzeichen (in diesem Fall Apostrophe), was wem gehört, wo Buchstaben weggefallen sind und wo Wörter verschmelzen. Schließlich zeigen sie uns auch, wer gerade spricht.

Falsche Interpunktion kann den Sinn unseres Textes komplett verändern.

Nehmen wir doch einmal die folgenden Ausdrücke:

> Bring me the ball boy
> Ladies clearance sale
> The boy's like chocolate
> Thirty minute meals
> Fifty odd hats
> Do not pull emergency brake

Verändern wir nun die Zeichensetzung, bekommen sie alle eine vollständig andere Bedeutung:

> Bring me the ball, boy
> Ladies' clearance sale
> The boys like chocolate
> Thirty-minute meals
> Fifty-odd hats
> Do not pull. Emergency brake

Selbst wenn wir beschließen, dass es uns zu mühsam ist, immer auf Punkt und Komma zu achten, sollten wir doch an unsere Leser denken. Es ist eine Frage der Höflichkeit, ihnen zu zeigen, wie ein Text gelesen werden möchte. Wenn wir unsere Überlegungen in eine

schlüssige Form bringen; wenn wir einen Gedanken abschließen, bevor wir uns dem nächsten zuwenden und klar zeigen, wo ein Gedanke endet und der nächste beginnt, dann behandeln wir unsere Leser mit Respekt.

Wir zeigen ihnen, ob wir eine Aussage machen oder eine Frage stellen; ob wir jemanden zitieren oder unsere eigenen Gedanken äußern. Leser müssen geführt werden, und zwar noch viel mehr als Menschen, mit denen wir uns unterhalten und denen wir zusätzlich durch Tonfall und Mimik den Sinn unserer Rede vermitteln. Und eine gute Zeichensetzung leistet bei dieser Führung gute Dienste.

Der Satzpunkt: Machen Sie mal 'nen Punkt

Der Punkt (*full stop*) ist das einfachste aller Satzzeichen, und wir kennen ihn seit dem ersten Schuljahr.

> John sees the ball.
> Janet plays with the dog.

Wissen Sie noch? Jeder Satz endet mit einem Punkt – denn auch im Ausrufezeichen und im Fragezeichen steckt einer – und das erste Wort im Satz wird großgeschrieben.

Ein Punkt (in den USA auch *period* genannt) kennzeichnet das Ende eines Gedankens und signalisiert dem Leser, dass er eine Pause machen und sich auf den nächsten einstellen kann. Musik ohne Pausen hätte weder Rhythmus noch Gefühl, denn Stille und Töne sind gleich wichtig. Ähnliches gilt für die geschriebene Sprache und den Punkt. Wenn Sie einen Text vortragen, zeigen ihnen die Punkte, wo sie atmen können, bevor sie weiterlesen.

Wenn Sie zwei getrennte Aussagen formulieren, müssen Sie sie in der Regel durch einen Punkt trennen. Ein Komma reicht nicht. Zum Beispiel: 'Janet planted roses in her garden, she's thinking of planting more next year.'

Ein Komma vermittelt keine Pause, die lang genug wäre, um die beiden Gedanken zu trennen, also muss ein Punkt her: 'Janet planted roses in her garden. She's thinking of planting more next year.'

Sie könnten anstelle des Punktes auch ein *and* einfügen, um die beiden Aussagen zu verbinden und den Text so flüssiger klingen zu lassen: 'Janet planted roses in her garden and she's thinking of planting more next year.'

Lesen Sie sich den Text laut vor, wenn Sie sich unsicher sind. Wenn Ihnen der Sprachrhythmus nicht gefällt, verändern Sie die Zeichensetzung, bis Sie mit dem Klang zufrieden sind.

Drei Punkte in gleichem Abstand (und zwar genau drei, keiner mehr und keiner weniger) haben eine eigene

Funktion. Man spricht von einer Ellipse. Die drei Punkte stehen für ausgelassene Wörter, die entweder unwichtig waren oder lieber unausgesprochen bleiben sollen. Ein Filmposter könnte zum Beispiel ein Zitat aus einer Kritik wiedergeben: 'A terrifically … exciting film' – und die Wörter 'boring remake of an' weglassen.

Eine Ellipse kann außerdem verdeutlichen, dass der Satz aus irgendeinem Grund nicht zum Ende kommt. Etwa wenn dem Sprecher die Stimme versagt: 'I hereby bequeath my worldly goods to you my darling …'

Auch wenn Sie den Eindruck vermitteln möchten, dass gerade etwas Interessantes bevorsteht, das Sie aber aus einem bestimmten Grund nicht verraten möchten, ist die Ellipse ein hervorragendes Werkzeug. Verfasser von Kinoprogrammen oder Klappentexten lieben sie, denn sie können dann folgenden kleinen Trick anwenden:

> When a second body is found in a nearby forest, the forensic team draw their own conclusions …

Besonders eindrucksvoll vermittelt Graham Greene in *The Power and the Glory* durch Ellipsen, dass vieles unausgesprochen bleiben muss:

> It's been so long …

> Say an Act of Contrition for your sins. You must trust God, my dear, to make allowances …

> I wouldn't mind suffering …

Lesen Sie diese kurze Passage noch einmal, aber ersetzen Sie die Ellipsen durch einfache Satzpunkte: Schon ist die ganze sehnsuchtvolle Stimmung dahin. Wie viel Gefühl zwei zusätzliche Punkte doch vermitteln können.

Das Komma: Pausen im Gedankenfluss

Die Verwendung des Kommas wird heiß debattiert, doch in den letzten Jahrzehnten scheint es etwas aus der Mode gekommen zu sein. Wenn Sie Romane aus dem 19. Jahrhundert lesen, wird Ihnen der rege Einsatz von Satzzeichen auffallen; ein wahrer Hagel aus Kommas, Doppelpunkten und Semikolons. Zeitgenössische Schriftsteller verwenden das Komma dagegen weit sparsamer. Doch folgen Sie nicht gedankenlos der Mode. Setzen Sie ein Komma, wo es Ihnen sinnvoll erscheint, und lassen Sie es ansonsten weg.

Es gibt viele Einsatzbereiche für das Komma. Während für Punkt, Ausrufezeichen und Fragezeichen ganz genaue Regeln gelten, ist der Gebrauch des Kommas weniger streng geregelt. So kann man beim Schreiben leider auch schnell einmal danebengreifen. Setzt man das Komma gekonnt ein, so pausieren die Leser an den richtigen Stellen und können der Aussage des Verfassers einfach folgen. Bei falschem Gebrauch kann das Komma aber auch den Sinn des Textes komplett verdrehen. Dann hinterlässt es unter Umständen Verwirrung und Unverständnis.

Vergleichen Sie einmal: 'I picked all the flowers, which were growing over the path.'

Mit: 'I picked all the flowers which were growing over the path.'

Im ersten Satz überwuchern *alle* Blumen den Weg. Im zweiten pflücke ich nur die Blumen, die den Pfad überwuchern; die übrigen bleiben ungepflückt.

Noch ein Beispiel: 'The man said his wife was crazy.'

Bzw.: 'The man, said his wife, was crazy.'

Wird *said his wife* nicht durch Kommas eingeklammert, verkehrt sich der Sinn ins Gegenteil.

Nun kennen wir aus eigener Anschauung die Macht des Kommas, den Sinn unseres Textes zu verändern. Widmen wir uns also seinen zahlreichen Anwendungsbereichen.

1. Das Komma wird eingesetzt, um die Elemente einer Liste voneinander zu trennen: 'That weekend we watched Shrek, Toy Story and Alice in Wonderland.'

   In der Regel setzen wir nach dem vorletzten Listeneintrag *kein* Komma. Das Wort *and* übernimmt seine Rolle als Trenner und signalisiert dem Leser, dass jetzt der letzte Punkt der Aufzählung kommt. Wenn jedoch die Gefahr der Mehrdeutigkeit besteht, kann ein Komma zur Klarheit beitragen – etwa wenn der letzte Eintrag selbst ein *and* enthält: 'That weekend we watched *Manhattan*, *Annie Hall*, and *Hannah and Her Sisters*.'

2. Das Komma leitet direkte Rede ein. Wenn Sie Dialoge verfassen, setzen Sie ein Komma vor die Anführungsstriche und trennen so geschriebenen Text von wörtlicher Rede. Zum Beispiel: 'Sally turned round and said, "I'd love a cup of coffee."'

3. Kommas können ähnlich wie Klammern verwendet werden: Sie heben eine Randbemerkung aus dem eigentlichen Satzfluss heraus. In diesem Fall **müssen** Kommas immer paarweise auftreten, denn ein einzelnes kann diesen Zweck nicht erfüllen. Fehlt das schließende Komma, so fragt sich der Leser, wo die Randbemerkung endet, während der Satz längst seinen Hauptgedanken weiterführt:

> She walked slowly, having broken the heel of her shoe, as she crossed the bridge that night.

> The ship was bound for New York, not Boston as I had believed, and was due to depart the following week.

Hier könnte der Text zwischen den Kommas jeweils komplett entfallen. Trotzdem wären beide Beispiele vollständige sinnvolle Sätze.

Auch Namen werden oft durch zwei Kommas eingeklammert. Ist die Person oder die Sache, von der die Rede ist, die einzige ihrer Art, sollte ihr Name durch Kommas abgesetzt werden:

> The Mayor and his wife, Eleanor, attended a banquet at the Guildhall.

Ohne Kommas ist der Satz 'The Mayor and his wife Eleanor attended a banquet at the Guildhall' zwar nicht falsch – aber zwischen den Zeilen könnte man die zaghafte Andeutung erkennen, dass es auch noch eine »*wife Anna*« und eine »*wife Charlotte*« und noch andere geheime Ehefrauen an der Seite des Bürgermeisters geben könnte.

Auch zwischen den beiden folgenden Aussagen gibt es einen feinen Unterschied:

> The Beatles' album *Let It Be* sold millions of copies.

> The Beatles' final album, *Let It Be*, sold millions of copies.

Im ersten Satz ist das Album, von dem die Rede ist, eines von mehreren Alben. Sein Titel wird daher nicht durch Kommas abgesetzt. (Das Wort *al-*

bum allein reicht nicht aus, um es genau zu bestimmen). Im zweiten Satz wurde das Album bereits als das letzte der Band bestimmt, und deshalb ist es dort nötig, den Titel zwischen zwei Kommas zu setzen. Ließe man den eingeklammerten Titel im zweiten Satz weg, so wäre dieser immer noch sinnvoll. Im ersten Satz kann man das nicht tun, ohne dass die Bedeutung verloren geht.

Sie können überprüfen, ob Ihr Satz auch dann noch einen vollständigen Sinn ergibt, wenn Sie die Textelemente, die sie durch Kommas abgesetzt haben, weglassen. Falls nicht, haben Sie die Kommas wahrscheinlich falsch gesetzt. Schauen Sie sich Ihren Satz noch einmal genau an, und lesen Sie ihn sich im Zweifelsfall laut vor.

4. Kommas stehen nach einleitenden Wörtern: Beginnt ein Satz mit einem solchen Wort, etwa mit einem Adverb der Zeit wie *later, afterwards, before* oder *a long time ago,* dann folgt auf dieses Wort oder diesen Ausdruck ein Komma. Es signalisiert eine Pause, in der der Leser Zeit findet, sich auf die Situation einzustellen und sie sich vorzustellen.

> Before the war, I used to gather seashells on this beach.

> One day, when the snow has melted, we should visit your mother.

Ein Komma steht oft auch nach einleitendem *however, nevertheless* oder *meanwhile*. Hier müssen Sie bei jedem Satz genau darauf achten, welchen Sinn er hat. Zwei Beispiele:

> However you look at it, we still need to take a present with us.

> However, if we do go to the party, we will need to take a present.

Ohne folgendes Komma bedeutet das *however* im ersten Satz »Wie auch immer (wir es drehen und wenden …)«. Im zweiten Satz erhält es durch das Komma jedoch die Bedeutung »aber«.[1]

---

[1] Als deutscher Muttersprachler darf man sich nicht davon verwirren lassen, dass man umgangssprachlich auch im zweiten Fall oft »Wie auch immer, …« im Sinne von »Wie dem auch sei, …« sagen würde. (Anm. d. Übers.)

5. Kommas umschließen Namen: Sprechen wir eine Person direkt mit ihrem Namen an, so grenzen wir sie durch Kommas vom Rest des Satzes ab.

> For Heaven's sake, Catherine, don't look so angry.
> – Linton in *Wuthering Heights*

> Pity, Jane, from some people is a noxious and insulting sort of tribute.
> – Mr Rochester in *Jane Eyre*

Vergisst man hier die Kommas, so kommt es oft zu Verwirrung und Missverständnissen – manchmal sogar mit amüsanten Konsequenzen:

So sollte der Ausruf 'I'm drowning Mother!' doch sicher 'I'm drowning, Mother!' heißen. Wie wichtig doch ein einziges, winziges Zeichen sein kann.

6. Kommas dienen der Gegenüberstellung: Stellt ein Satz zwei Gegensätze einander gegenüber, so steht zwischen den beiden Seiten ein Komma. Etwa:

> If not now, when?

> I'll say what I think, not what I'm told.

> She learned to play the violin, not the double bass.

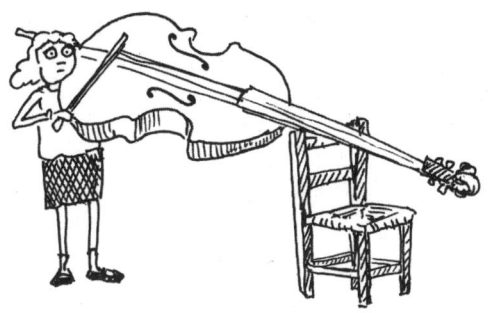

Das folgende Beispiel aus *Emma* zeigt wunderbar, wie Jane Austen mithilfe des Kommas ihre Texte strukturiert und sie leichtfüßig fließen lässt, ohne dass plötzliche Brüche für Verwirrung sorgen:

> Emma Woodhouse, handsome, clever, and rich, with a comfortable home and happy disposition, seemed to unite some of the best blessings of existence; and had lived nearly twenty-one years in this world with very little to distress or vex her.

7. Ausrufe und Fragen: Hier ist der Gebrauch des Kommas relativ einfach zu verstehen. Steht ein Ausruf wie *oh good gracious!* mitten in einem Satz, muss er aus Gründen der Klarheit von Kommas umschlossen sein. Zum Beispiel:

> I believe I can see, oh good heavens, an oasis in the distance.

Möchten Sie einen Aussagesatz mit einer Frage beenden, müssen Sie diese durch ein Komma von der
Aussage trennen. Zum Beispiel:

You'll be home for dinner tonight, won't you?

8. *Comma splice:* Als wir uns mit dem Punkt beschäf-
tigt haben, konnten wir beobachten, dass an seiner
Stelle manchmal fälschlicherweise ein Komma verwendet wird. Im Englischen gibt es den Begriff
comma splice. Hier ist ein Beispiel:

Mary went to the park yesterday, she saw several swans on the lake.

Es ist falsch, hier ein Komma zu verwenden, denn die beiden Sätze enthalten zwei eigenständige Gedanken. Ein Komma ist jedoch angebracht, wenn man sie wie im folgenden Beispiel verbindet. In diesem Fall gliedert es den Satz und lässt eine kurze Pause vor dem Hauptsatz entstehen.

When Mary went to the park yesterday, she saw several swans on the lake.

9. Kommas werden auch eingesetzt, um einen Satz zu gliedern, in dem ein einzelnes Verb sich auf zwei unterschiedliche Subjekte bezieht. Zum Beispiel:

Natalie wore a red dress, Melanie a green.

Some people enjoy champagne, others prosecco.

Im ersten Beispiel bezieht sich das Verb *wore* auf beide Mädchen, und es ist das Komma, das dies möglich macht. Im zweiten Beispiel bezieht sich *enjoy* zunächst auf *some people* und muss anschließend nicht wiederholt werden, weil seine Bedeutung über das Komma hinauswirkt.

Eine gute Strategie für die Kommasetzung ist es, alles, was man schreibt, mit einem wachen Auge noch einmal gegenzulesen. Entwickeln Sie ein Gespür für gut gesetzte Pausen, die einen natürlichen Leserhythmus erzeugen, und durchsieben Sie Ihren Text nicht mit der Kommakanone, die heute bei vielen Nichtprofis sehr locker zu sitzen scheint.

Doppelpunkt und Semikolon: Hier kommt eine längere Pause

Der Doppelpunkt *(colon)* wird heute weit seltener verwendet als noch im 18. und 19. Jahrhundert. Oft nimmt das Semikolon seinen Platz ein, wenn es darum geht, Pausenlängen zwischen Punkt und Komma anzuzeigen und Sätze miteinander zu verbinden, die zusammengehören. Heute kündigt der Doppelpunkt meist eine Liste, ein Beispiel oder eine Erläuterung an. (Dieses Buch ist voll von Beispielen.) Hier sind zwei weitere.

Im ersten leitet der Doppelpunkt die Erklärung dessen ein, was der Sprecher wissen möchte:

> What I want to know is this: ought I at once take such steps as I can to discover the writer of the letter?
>
> – Wilkie Collins, *The Woman in White*

Und hier markiert er den Beginn einer Liste bunter Röcke:

> The woman's long cloth skirts are printed so gaily with the oddest things: there is no telling when a raft of yellow umbrellas, or the calico cat and the gingham dog, or an upside-down image of the Catholic Pope might just go sauntering across our yard.
>
> – Barbara Kingsolver, *The Poisonwood Bible*

Ein Doppelpunkt kann auch anstelle eines Kommas vor der direkten Rede einer Figur in einem Theaterstück stehen und so den Namen des Sprechers von seinem Text abgrenzen:

> *Hamlet:* To be or not to be …

Und er kann ein Gegensatzpaar gliedern: 'Finders keepers: losers weepers.'

Außerdem wird er eingesetzt, um einen Untertitel von dem entsprechenden Haupttitel zu trennen: *Twenty-First-Century Punctuation: The Demise of the Colon.*

Und noch ein technischer Hinweis: Auf einen Doppelpunkt folgt immer ein Leerzeichen, davor steht aber keins.

Wenn Sie einen englischsprachigen Roman auf einer beliebigen Seite aufschlagen, können Sie anhand der Interpunktion schon fast sein Entstehungsjahr erraten. Im 19. Jahrhundert liebte man lange Sätze, die durch Kommas, Semikolons, Doppelpunkte und Gedankenstriche gegliedert waren. Moderne Schriftsteller bevorzugen augenscheinlich kürzere Sätze, die sie bisweilen durch Konjunktionen verbinden. Das Semikolon ist also in gewissem Maße eine Frage der Mode und folgt daher auch kaum strengen Regeln.

Der wichtigste Sinn des **Semikolons** ist es, die Verbindung zwischen zwei Teilen eines Satzes anzuzeigen und die beiden zusammenzuhalten. Dabei kann der Leser jedoch kurz Atem schöpfen. Häufig folgen Konjunktionen wie *nevertheless, however, consequently* und ähnliche unmittelbar auf ein Semikolon:

> She wished to study literature; *however* the course was full.

Das Semikolon wird auch eingesetzt, um mehrgliedrige Elemente einer Liste voneinander zu trennen:

> The hotel offered splendid accomodation: there was a gym with a treadmill; a rowing machine and weights; a lounge, a bar and a terrace restaurant; gardens, a pool and a hot tub.

Gerade herrscht der Trend, ein Semikolon zu verwenden, wo eigentlich ein Doppelpunkt stehen müsste.

Ein Grund ist, dass sich viele mit dem Gebrauch des Semikolons nicht auskennen – ein anderer könnte sein, dass beide Zeichen (auf einer englischen Tastatur) auf der gleichen Taste liegen.

Frage? Ausruf!

Man muss sich zum Gebrauch des **Fragezeichens** *(question mark)* eigentlich nur eine einzige Regel merken: Es steht nur am Ende einer direkten Frage. Das erscheint klar und offensichtlich, wird aber oft falsch gemacht. Wir müssen also wissen, wo der Unterschied zwischen einer direkten und einer indirekten Frage liegt. Diese Fragen sind direkte:

'When will the cake be ready?'

'Are you going to the dance on Sunday?'

Bei einer indirekten Frage ist der Satz der Form nach eine Aussage und endet daher mit einem Punkt und nicht mit einem Fragezeichen:

Yasmine wondered when the cake would be ready.

Rosa asked her sister what she was planning to wear to the dance.

Manchmal hängt es auch nur vom Fragezeichen ab, ob ein Satz eine Frage ist oder nicht: 'She's going to the dance on Sunday?'

Ersetzt man es hier durch einen Punkt, so wird die Frage zur Aussage: 'She's going to the dance on Sunday.'

Schlägt man im Wörterbuch nach, so findet man unter *to exclaim* die Erläuterung »to cry out in surprise, anger, pain, etc.« Ein Ausrufezeichen *(exclamation mark)* zeigt dem Leser, dass die vorangegangenen Wörter Ausdruck eines starken Gefühls sind. Es kann aus einer kurzen Phrase wie 'This is it' einen Ausruf der Erschütterung, des Schreckens oder des Erstaunens machen – 'This is it!'

Es wird heutzutage oft sehr beliebig verwendet, doch in den folgenden Textsituationen ist es unvermeidlich, denn nur das Ausrufezeichen vermittelt die besondere Unmittelbarkeit ...

... eines Kommandos: 'Run and fetch the doctor!'

... einer Warnung: 'Never think of doing that again!'

... wenn es dringend ist: 'We need boiling water – now!'

... starker Gefühle: 'May they always be happy!'

... oder einer Überraschung: 'No!'

Außerdem kann ein Ausrufezeichen ausdrücken, dass der Sprecher skeptisch ist:

He's working late again? Sure!

She's lost a stone already!

Darüber hinaus wird es eingesetzt, wenn man jemanden anspricht. Sei es auf zärtliche Weise: 'Oh my beloved!' – oder etwas prosaischer: 'Oi! Mister!'

In seinem Buch *Modern English Usage* vertritt Fowler die Ansicht, dass man kein Ausrufezeichen setzen sollte, wenn bereits die Wortwahl die gewünschte Eindringlichkeit vermittelt. Ein Satz wie 'That is a lie' transportiert bereits die vollständige Bedeutung. Nur wenn der Tonfall, in dem er gesprochen wird, nicht aus dem Text hervorgeht, bedarf es eines Ausrufezeichens.

Ein Ausrufezeichen verstärkt einen Satz oder eine Dialogzeile. Daher wird es oft verwendet, um eine kraftlose Wortwahl aufzupeppen. Das sollten Sie nach Möglichkeit vermeiden. Wenn Sie feststellen, dass Sie sich in einem Text zu sehr auf Ausrufezeichen verlassen, lesen Sie ihn noch einmal gegen und versuchen Sie, ihn durch andere Mittel aufzuwerten. Im letzten Kapitel werden wir uns diesem und anderen Stilproblemen ausführlich widmen. Noch eine Warnung: Sätze mit mehr als einem Ausrufezeichen machen aus Ihrem Text einen Comic. Setzen Sie Ausrufezeichen daher immer ganz bewusst ein. Und sparsam.

Der Apostroph: Zu 90% geht's um Besitz

Trotz seiner Winzigkeit hat es der Apostroph geschafft, die englische Schriftsprache ins Chaos zu stürzen. Selbst Akademiker, Schriftsteller und Herausgeber sind sich scheinbar nicht immer einig, wie man es richtig verwendet, während anderen Menschen regelmäßig der Hut hochgeht, wenn dem armen Apostroph auf Schildern oder Ähnlichem wieder einmal Gewalt angetan wird. Apostrophenmißbrauch fällt in drei Kategorien:

Wir platzieren es an der falschen Stelle.

Wir setzen keins, wo eines hingehört.

Wir setzen eins, wo keines hingehört.

Wenn Ihnen Beweismaterial fehlt, schauen Sie einmal auf die Website der *Apostrophe Protection Society,* wo Sie Tausende von Beispielen finden: von *Suttons Snax's* (man weiß gar nicht, wo man hier anfangen soll) bis zu *Beaver's use their teeth* oder *crispy roast potato's.* Und so geht es tragischerweise weiter und weiter.

Widmen wir uns zunächst dem Problem Nr. 1: Apostrophe an der falschen Stelle. Wir müssen also wissen, welche Stelle die richtige ist. Also – der Apostroph hat zwei wichtige Anwendungsbereiche: Es zeigt, wem etwas gehört und wo Wörter zusammengezogen wurden.

Das ist der Herausgeber; ein echter Apostrophenfetischist.

Besitzanzeigendes *s*

Singular

Wenn einem Substantiv im Singular etwas gehört, steht an seinem Ende Apostroph + *s*:

> Jennifer's diary (the diary of Jennifer)
>
> the boy's life (the life of the boy)

Das gilt auch, wenn das Substantiv bereits auf *s* endet: »St James's Park«.

Plural

Bildet ein Substantiv einen regelmäßigen Plural, endet es also im Plural auf *s*, dann steht der Apostroph nach diesem Plural-*s*.

the girls' dresses

the shops' windows

Bildet das Substantiv einen unregelmäßigen Plural, so folgt der Apostroph auf die unregelmäßige Plural-endung und darauf das *s*.

the people's princess

the children's nanny

Dies sind – im Englischen – ganz klare und unverän-derliche Regeln, und doch werden sie ständig miss-achtet.

Verwenden wir eine ganze Reihe von Substantiven, denen etwas gemeinsam gehört, dann wird der Apo-stroph + *s* nur an das letzte angehängt:

Jack, Jill and Mary's aunt

Lewisham, Islington and Lambeth's hospital trusts

Außerdem ist zu beachten, dass kein Apostroph ver-wendet wird, wenn anstelle des Substantivs ein Pro-nomen steht.

The book was *hers.*

The people waved *their* banners.

Die einzige Ausnahme dieser Regel ist das das Pronomen *one,* das nur noch selten gebraucht wird. *One* wird, wie in diesem Beispiel, wie ein Substantiv behandelt: 'One is expexted to do *one's* duty.'

One is expected to do one's duty.

Zusammenziehungen

Kommen wir zum zweiten wichtigen Einsatzbereich des Apostrophs. Haben wir einen Buchstaben weggelassen, so zeigt der Apostroph an, das etwas fehlt. Ein paar Beispiele: *can't, didn't, don't, he's, I've, mustn't, shouldn't, they're, won't, you've* …

Wie man sieht, fallen Buchstaben häufig bei den Wörtern *are, have, is* und *not* weg, und sie verschmelzen mit ihrem Nachbarwort zu einer neuen Einheit.

In einem förmlichen Schreiben, etwa in einem Geschäftsbrief, ist es angemessen, nicht die Zusammenziehung, sondern den vollständigen Ausdruck zu verwenden: *do not, have not* usw.

Die drei Seiten des Apostrophenproblems

Jetzt haben wir gesehen, wo ein Apostroph hingehört. Nehmen wir uns also kurz Zeit, um klarzustellen, wo es nichts zu suchen hat. Eine der häufigsten Quellen für Apostrophenfehler ist der simple, aber offensichtlich geheimnisumwitterte Unterschied zwischen *its* und *it's*. Macht man sich klar, dass *it's* eine **Zusammenziehung** von *it is* ist, und verwendet man *it's* nur in dieser Bedeutung und sonst nie, dann wird man hier nie wieder einen Fehler machen – Hurra!

Its – ohne Apostroph – bezieht sich *immer* auf etwas, das zu einem Tier oder einem Gegenstand gehört: 'The horse shook its head'; 'The tree has lost its leaves' usw.

Und die letzte Regel zur Verwendung des Apostrophs lautet – und das muss man sich auf jeden Fall merken –, dass es niemals und unter keinen Umständen eingesetzt wird, um einen Plural zu bilden. Es gibt viele Möglichkeiten, aus einem Singular eine Pluralform zu machen, wie wir im Kapitel über Substantive gelesen haben, aber der Apostroph gehört nicht

dazu. Niemals. Ist es nicht toll, zumindest eine un-
umstößliche Regel zu kennen?

Anführungsstriche und »Gänsefüßchen«

Wörtliche Rede

Die Anführungsstriche sind aus einem Symbol namens *diple* entstanden, das ursprünglich ein Zeichen war, mit dem ein Drucker einen bestimmten
Textteil am Rand eines Manuskripts markierte; etwa
ein Bibelzitat. Nach und nach wanderte dieses Zeichen
auch in den Text, um wörtliche Rede zu kennzeichnen.
In den USA verwendet man heute in der Regel doppelte Anführungsstriche – also "…" –, während in
Großbritannien einfache bevorzugt werden: '…'.

Direkte Rede wird immer in Anführungsstrichen
(inverted commas) wiedergegeben. Zitieren wir innerhalb dieser Rede jemand andern, so werden dessen
Worte durch die jeweils andere Form der Anführungsstriche eingefasst. Setzen wir die direkte Rede
also in *doppelte* Anführungsstriche, so stehen darin
enthaltene Zitate in *einfachen* Anführungsstrichen –
und umgekehrt.

In Großbritannien: 'I heard a voice call to me. "Mary, look out," it said.'

In den USA: "My father told me his life story. 'Son, I want you to remember me', he began."

In Großbritannien geht der Trend dahin, Satzzeichen innerhalb der Anführungsstriche zu platzieren, während sie in den USA außerhalb gesetzt werden. Während die US-Regel leichter zu handhaben ist, scheint mir das britische Verfahren logischer: Gehören Satzzeichen zur wörtlichen Rede dazu, stehen sie vor den Schlusszeichen. Gliedern sie hingegen den Rest des Satzes und sind nicht Teil der zitierten Rede, so setzen Sie sie dahinter.

Indirekte Rede wird nicht markiert: 'He asked his friend, if he had said look out.'

Aufsätze, Gedichte, Kapitel

Während man die Titel von Romanen und Sachbüchern, von längeren Musikwerken oder Filmen usw. meistens kursiv setzt, stehen die Titel kürzerer Formen in der Regel in Anführungsstrichen. Dazu gehören Aufsätze, Gedichte (außer solchen mit epischen Ausmaßen), Kurzgeschichten und Lieder.

Andere Anwendungsbereiche

Durch einfache Anführungsstriche kann man außerdem die Aufmerksamkeit des Lesers auf besondere Wörter oder Ausdrücke innerhalb eines Satzes lenken. Zum Beispiel:

> The mathematics teacher said that the kind of maps we were studying are called 'topographical'.

> Mum's 'tempting tuna tartine' was a huge success!

Das kann aber auch nach hinten losgehen: In der Werbung – auf Plakaten, in Zeitschriften oder auf Schildern – sieht man manchmal Wörter in Gänsefüßchen, die auf diese Weise hervorgehoben werden sollen. An sich noch keine verwerfliche Absicht. Die Anführungsstriche heben die so markierten Wörter tatsächlich heraus, aber nicht immer im Sinne des Anwenders. Die Gestalter solcher Anzeigen scheinen nicht erkannt zu haben, dass sie das Gegenteil von dem bewirken, was sie mit den Anführungszeichen beabsichtigt haben: Sie machen den Leser skeptisch.

Erklärt man uns, dass eine bestimmte Milch *'organic'* sei und von einer *'local' farm* stamme, so verstehen wir intuitiv (oder wir sollten es zumindest), dass der Produzent die Milch so *genannt* hat. Es kann jedoch sein, dass sie mehr Antibiotika enthält als eine Krankenhausapotheke. Das Wort *local* in Anführungsstrichen kann bedeuten, dass die Farm tatsächlich in der Nähe liegt – wenn Sie auf der Isle of Skye wohnen. Doch es wird literweise Diesel verbraucht, um die Milch zu Ihnen zu transportieren.

Sieht man im Text Begriffe, die durch Anführungsstriche geschmückt sind, so liest man gleich den Zusatz »sogenannt« mit. Auf diese Weise »Vorsicht Falle!« zu rufen, sollten Sie in Ihren Texten stets vermeiden – es sei denn, Sie möchten sich bewusst ironisch ausdrücken.

'Loser' Lennie wins Lottery

Politician's 'expenses' exposed

In beiden Beispielen drückt der Autor durch Anführungsstriche aus, dass die markierten Begriffe entweder als Euphemismus oder als beabsichtigte Täuschung zu verstehen sind. Legen Sie sie also nicht auf die Goldwaage.

Klammern: abgegrenzte Bereiche

Runde Klammern (oder sprachwissenschaftlich *Parenthesen*) werden meistens dann gesetzt, wenn ein selbständiger Gedanke innerhalb eines Satzes abgegrenzt werden soll. Stehen sie an der richtigen Stelle, kann man den eingeklammerten Teil weglassen und es bleibt trotzdem ein vollständiger Satz, der vielleicht etwas simpel wirkt. Die Anmerkung in Klammern *(brackets)* sollte mehr als nur eine kurze Ergänzung sein; eher ein zusätzlicher Gedanke, der dem Verfasser im Verlauf seiner Erläuterungen kam. Dabei darf der Satz seinen roten Faden nicht verlieren.

Auch andere Ergänzungen können in Klammern stehen – etwa Beispiele oder genauere Angaben wie ein Datum:

> Add the dry ingredients (sugar, flour, baking powder) to the eggs.

Oder

> Napoleon's invasion of Russia (1812) resulted in calamity.

In diesen Fällen sind immer runde Klammern gefragt: (…). Wollen wir jedoch zusätzliche Informationen innerhalb von Klammern einfügen, nimmt man eckige: […]. So kann man etwa einen Kommentar des Herausgebers in einem Text markieren: 'Father Christmas has a hoary *[sic]* beard'. In diesem Beispiel bringt der Herausgeber zum Ausdruck, dass er sich vorstellen kann, dass der Leser den Ausdruck seltsam findet und glaubt, es müsse wohl *hairy* heißen, dass aber *hoary* korrekt ist. (*Sic* ist übrigens lateinisch und bedeutet in etwa »so« oder »So ist es«.)

Vor einer öffnenden Klammer steht kein Komma, allenfalls nach einer schließenden. Es sei denn, es ist ein vollständiger Satz eingeklammert. In diesem Fall steht auch sein Satzpunkt vor der schließenden Klammer.

Manchmal verwendet man auch paarweise Gedankenstriche, wenn man Zusatzinformationen vom Hauptgedanken eines Satzes trennen möchte. Auf gehobenem Sprachniveau werden Gedankenstriche nicht so häufig verwendet, denn sie folgen – im Gegensatz zur Klammer – eher dem Rhythmus gesprochener Sprache. Achten Sie auf die Textform, in der Sie schreiben, und auf den gewünschten Effekt, wenn Sie sich zwischen Klammern und Gedankenstrichen entscheiden.

Bindestriche: verbinden und trennen

Bindestriche *(hyphens)* haben zwei Funktionen: Sie fügen Wörter zusammen, können sie aber auch voneinander trennen. Der Bindestrich ist kürzer als der Gedankenstrich, und er steht fast nie neben einem Leerzeichen. (Die einzige Ausnahme sind Ausdrücke wie *man- and womankind,* bei denen er anzeigt, dass etwas weggelassen wurde: hier der Suffix *-kind,* der nach *man* entfallen kann.) Der Bindestrich steht vielmehr *anstelle* eines Leerzeichens oder eines Wortabstands.

Besteht ein Adjektiv aus zwei Teilen und steht es vor dem Substantiv, auf das es sich bezieht, so müssen die beiden Teile durch einen Bindestrich verbunden werden. Beachten Sie den riesigen Bedeutungsunterschied zwischen *a little worn dress* (klein und abgenutzt) und *a little-worn dress* (kaum getragen). Steht das Adjektiv nicht bei seinem Bezugswort und ist die Bedeutung trotzdem klar, so muss kein Bindestrich gesetzt werden – so wie im folgenden Beispiel:

That is an eye-catching outfit.

That outfit is eye catching. (Da *eye-catching* jedoch ein etablierter Begriff ist, kann auch im zweiten Fall ein Bindestrich stehen.)

Auch mehrgliedrige Adjektive sollten durch Bindestriche verbunden sein, um zu verdeutlichen, dass sie eine Einheit bilden, die ein Substantiv näher bestimmt:

a round-the-world trip

a once-in-a-lifetime situation

an off-the-peg suit

Im folgenden Satz zeigt sich Evelyn Waugh als Könner im Umgang mit mehrgliedrigen Adjektiven:

She was a middle-aged, well-preserved, well-dressed, well-mannered woman such as I had seen in countless public places.
– Evelyn Waugh, *Brideshead Revisited*

Durch Bindestriche und Kommas fügen sich die Adjektive zu einer kompakten, aber detailreichen Schilderung, die dem Leser viele Einzelheiten auf engem Raum verrät. Waugh schafft es, das Erscheinungsbild der Frau, ihr Alter, ihren sozialen Stand und ihr Gebaren bemerkenswert klar und kurz zusammenzufassen.

Auch Fügungen wie *well-informed, ill-mannered* oder *self-motivated* werden mit Bindestrich gebildet, denn so wird die Bildung des jeweiligen Adjektivs offensichtlich und das Lesen leichter.

Außerdem werden Bindestriche eingesetzt, um Eigennamen mit einem Präfix zu verbinden – etwa in *anti-American feeling* oder *post-Georgian architecture*.

Manche Wortpaare unterscheiden sich nur durch einen Bindestrich. So ist etwa *a re-formed rock band* etwas ganz anderes als *a reformed rock band*. Mit Bindestrich wird die Bedeutung des Präfix herausgestellt – *re-* bedeutet »wieder«. Das Wort ohne Bindestrich ist ein völlig anderes Verb, das zufällig mit »re« beginnt. So bedeutet *relay* beispielsweise »eine Information weitergeben«, während man mit *re-lay* berichten kann, dass neuer Teppichboden verlegt wird.

Die Zahlwörter zu 21 bis 99 werden mit Bindestrich gebildet *(thirty-four, one hundred and thirty-four* usw.*)* und auch Brüche werden entsprechend ausgeschieben *(seven-eighths).*

In letzter Zeit ist es gängig geworden, Substantiv-Zusammensetzungen *(compound nouns)* ohne Bindestrich zu bilden: *fencepost, bookshelf, chimneypot* usw.

Wo jedoch bei der Zusammensetzung ein sperriges, wenig elegantes Wort entsteht, werden beide Substantive durch einen Bindestrich getrennt:

flower-bud, lamp-post, film-maker

Da die Grenzen hier fließend sind, ist es ratsam, im Zweifel ein Wörterbuch zu befragen.

Bei adverbialen Fügungen wie den folgenden ist kein Bindestrich mehr vorgeschrieben: *widely held belief* oder *slow moving vehicle*. Oft wird er dennoch gesetzt, und es ist im Vergleich zu anderen Vergehen bestimmt eine lässliche Sünde, dies zu tun.

Der Gedankenstrich: eine klare Linie

Eine der wichtigsten Funktionen des Gedankenstrichs *(dash* oder *en rule)* entspricht in etwa der Bedeutung der Klammer: Ein Nebengedanke wird klar vom Kernsatz getrennt.

Gedankenstriche können einen Satz auf eher lockere Art gliedern, sodass zwei verwandte Gedanken lose verbunden werden. Zum Beispiel:

> I watched that film you lent me – what a tearjerker!

Es wäre zwar nicht falsch, an Stellen wie dieser ein Semikolon zu verwenden, doch erst durch den Gedankenstrich entsteht der Eindruck einer besonders gefühlsbetonten Äußerung.

Eine ganz ähnliche Wirkung hat der Gedankenstrich, wenn er eine Art Nachtrag zu einem Satz einleitet. Auch hier lehnt sich die Satzstruktur der mündlichen Rede an:

> Please bring back a bottle of wine when you come to dinner – red would be best.

> It's snowing – don't forget your gloves.

Ganz wie Kommas können auch Gedankenstriche einen Satz ausgewogen gliedern:

His face was white, fanatical, and rather beautiful – the expression that all English faces were to wear at Chandrapore for many days.

       – E. M. Forster, *A Passage to India*

In diesen Beispielen aus dem Komma-Kapitel wurden die Kommas durch Gedankenstriche ersetzt:

One day – when the snow has melted – we should visit your mother.

You'll be home for dinner tonight – won't you?

Some people enjoy champagne – others prosecco.

Wie Sie sehen, setzen die Gedankenstriche den zusätzlichen Gedanken nicht nur stärker vom Rest des Satzes ab, sie geben ihm auch größeres Gewicht: wenn der Schnee geschmolzen ist, *auf gar keinen Fall aber schon jetzt;* vielleicht bist du ja zum Abendessen zu Hause, *ich würde es mir wünschen.*

In vielen älteren Texten signalisiert ein längerer Strich *(em rule)*, dass Sätze oder Wörter unvollständig geblieben sind: 'We shall go no further with the —th than the city gates' oder 'Mrs S—, Miss Emmy, and Mr Joseph in India' – beides Beispiele aus *Vanity Fair* von William Makepeace Thackeray.

An beiden Textstellen behandelt der Autor eine Information vertraulich. Er möchte die Nummer des Regiments bzw. den Namen der Dame nicht preisgeben, und wir können nur vermuten, wen er meint. Moderne Schriftsteller verwenden eher einmal den tatsächlichen Namen oder erfinden gleich einen neuen.

Machmal wird der Gedankenstrich anstelle des Wörtchens *to* verwendet, um bei Zahlen, Buchstaben oder Daten eine bestimmte Spanne anzugeben:

The A–Z map

The 1914–1918 War

Wir wir sehen, hat der Gedankenstrich viele Funktionen, doch wir müssen uns bewusst sein, dass er harte Schnitte setzt und den Fluss eines Textes durchbricht. Wir sollten ihn daher nur ganz gezielt einsetzen, um zu vermeiden, dass sich unsere Texte stockend lesen und unklar werden.

Wie wird's geschrieben?

Wer fehlerfreies Englisch schreiben möchte, hat es nicht leicht. Denn das Englische hat eine so wenig phonetische Rechtschreibung wie kaum eine andere Sprache der Welt. Die Buchstaben, die wir zu Papier bringen, sind nicht eindeutig und verlässlich mit den Lauten verknüpft, die wir aussprechen – und umgekehrt. Hätte ich den ersten Satz dieses Abschnitts in phonetischer Schreibweise wiedergegeben, dann würde er sich wie folgt verändern:

Statt: The English language does not make life easy for those of us who wish to spell correctly; in fact, it is one of the least phonetic languages in the world.

schriebe er sich: The Inglish langwidge duz not make life eazy for thoze of uz hoo wish to spell correctly; in fact, it is wun of the leest fonic langwidges in the werld.

Wie Sie sehen, werden nur sehr wenige Wörter so geschrieben, wie man sie ausspricht (oder so ausgesprochen, wie man sie schreibt, was wir uns im nächsten Kapitel ansehen werden). Manche erkennt man gar nicht wieder. Diese Problematik geht zum großen Teil darauf zurück, wie sich die Sprache im Laufe der Jahrhunderte entwickelt und Begriffe aus den Sprachen der unterschiedlichen Eroberer Großbritanniens übernommen hat. Bis heute fließen Wörter aus anderen Sprachen ins Englische ein – so aus Ländern, die einmal britische Kolonien waren: Aus den Sprachen Urdu und Hindi stammen Allerweltswörter wie *bungalow, pyjamas, shampoo, shawl* oder *thug*; aus Westafrika kommen beispielsweise *banana, cola* oder *zombie* zu uns; aus dem Chinesischen *gung-ho, tea* und *tycoon* und aus dem Malayischen *caddy, ketchup* oder *gingham*.

Ist es denn schlimm, wenn wir Rechtschreibfehler machen? In einem Wort – ja. Die Rechtschreibung mag noch so verwirrend sein – wenn jeder aber schreiben würde, was er hört, wäre jeder Text noch viel verwirrender.

Eine korrekte Orthografie zeigt, dass Sie Wert auf Genauigkeit legen. Ein Bewerbungsschreiben mit Rechtschreibfehlern und mangelhafter Zeichensetzung lässt unangenehme Rückschlüsse auf den Verfasser zu. Wenn Sie die Arbeit scheuen, Ihren Text noch einmal zu überprüfen, und fehlerhafte Wörter in Ihrem Anschreiben oder Ihrem Lebenslauf nicht verbessern, vermitteln Sie den Eindruck, dass Sie es sich auch auf dem Posten, auf den Sie sich bewerben, einfach machen werden oder dass es Ihnen sogar ganz gleich ist, ob Sie zum Vorstellungsgespräch eingeladen werden oder nicht. (Mehr zum Thema Bewerbungen und Formulierungstipps auf S. 164–167.) Bei manchen Arbeitgebern gilt sogar die Regel »dreimal daneben – aussortiert«. Wer also in seiner Bewerbung mehr als drei Fehler macht, wird gar nicht weiter beachtet.

Denken Sie immer daran, dass Ihnen die Rechtschreibprüfung Ihres Textverarbeitungsprogramms nicht die ganze Arbeit abnimmt. Sie zeigt Ihnen nur die Wörter an, die falsch geschrieben sind, schlägt aber nicht Alarm, wenn Sie das falsche Wort richtig geschrieben haben. Das Programm kann natürlich auch nicht erraten, welches Wort Sie gerade tippen möchten, und es arbeitet nicht ganz fehlerfrei. Überprüfen Sie die Schreibweise im Zweifel im Wörterbuch, denn nur so gehen Sie sicher, dass Sie das gewünschte Wort richtig schreiben. Nur so schreiben Sie auch, was Sie meinen.

Die englische Rechtschreibung mag noch so unlogisch und unregelmäßig sein – und doch belegt das Englische unter den Sprachen mit den meisten Sprechern weltweit den dritten Rang (nach Mandarin und Spanisch). Es ist die Sprache der internationalen Zusammenarbeit in den Wissenschaften, im Geschäftsleben und auf vielen anderen Gebieten und gilt weltweit als die bevorzugte Zweitsprache.

Einige grundlegende Rechtschreibregeln

- Auf ein *q* folgt fast immer ein *u* – *quiet, quiz, quota* etc.
- Endet ein Wort auf dem Laut *v*, so wird es immer mit *ve* geschrieben – *votive, motive, love, have* etc.
- Die Buchstabenkombination *uv* gibt es im Englischen nicht (außer vielleicht in *luv* …). Vor *v* steht

immer ein *o*, selbst wenn der vorangehende Vokal manchmal wie »uh«[1] klingt: – *cover, dove, move* etc.

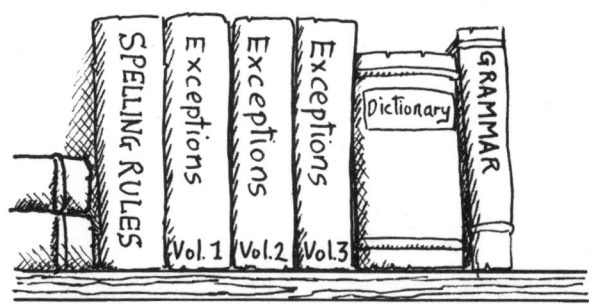

- Es gibt im Englischen sieben Wörter, deren erste Silbe zwar »all« gesprochen, aber mit nur einem *l* geschrieben wird – *altogether, always, alternative, altar, already, alternate, alter.*
- Ergänzt man ein Wort durch ein Präfix, so ändert sich die darauf folgende Schreibweise nicht. So zum Beispiel in **un**happy, mis**spell**, anti**biotic** usw.
- Wörter, deren Endsilbe *full* gesprochen wird, schreibt man mit einem *l* – *hopeful, spoonful, wishful* usw.
- Bildet man Adverbien aus Wörtern, die auf -*al*, -*il* oder -*ul* enden, wird das *l* verdoppelt – *gradual / gradually, magical / magically, hopeful / hopefully, beautiful / beautifully* usw.

---

[1] Gemeint ist der Laut, den *Briten* als »uh« schreiben würden, wie in den ersten beiden Beispielen (Anm. d. Übers.)

- Die Regel »*i* vor *e*«[1] hat ihre Grenzen. Ursprünglich lautete sie: »*i* kommt vor *e* außer nach *c*«, doch Wörter wie *deity, neighbour, neither* oder *weight* beweisen das Gegenteil. Also wurde konkretisiert, dass sie nur gilt, wenn es um einen langen I-Laut geht. Doch gibt es dann immer noch Ausreißer – etwa *caffeine* oder *weird* – und so gilt auch die eingeschränkte Regel nicht immer. Im Zweifel schlagen Sie lieber im Wörterbuch nach.

- Bei Wortpaaren wie *licence / license* oder *practice / practise* können Sie sich merken, dass das Substantiv immer mit *c* geschrieben wird und das Verb mit *s*. (Eine kleine Eselsbrücke: Denken Sie an *advise* und *advice*: Hier hilft Ihnen die unterschiedliche Aussprache, Substantiv und Verb auseinanderzuhalten. So können Sie sich merken, dass es das Verb ist, das immer mit *s* geschrieben wird.)

- *-able* und *-ible*: Relativ wenige Wörter tragen die Endung *-ible*, die auf das lateinische Suffix *-ibilis* zurückgeht (*audible, compatible, horrible, visible*). Auch *-able* ist lateinischen Ursprungs (von *-abilis*). Wörter auf *-able* gibt es viele, und es werden immer mehr (*fossilizable* und *networkable* gehören zu den jüngsten Ergänzungen des *Oxford English Dictionary*). Falls nötig, kann das Suffix nahezu jedem gewünschten

---

[1] Eine verbreitete Regel, die den Gebrauch der Buchstabenkombinationen *ie* und *ei* erleichtern soll. (Anm. d. Übers.)

Eine Bemerkung zu *-ise* und *-ize*

Mit Adleraugen haben Sie vielleicht schon einmal erspäht, dass manche Wörter auf -ise *enden und andere auf* -ize, *und sich gewundert, wie das kommt. Im Britschen Englisch gibt es drei Verb-Endungen, die wie* »eyes« *ausgesprochen werden:* -yse, -ise *und* -ize. *Die Schreibweise geht jeweils auf das entsprechende Ursprungswort zurück. Bei* -yse *ist das ein Substantiv, das auf* -is *endet, etwa* analysis. *Diese Wörter kann man leicht ableiten, und sie sollten nie mit z gechrieben werden – es sei denn, Sie schreiben amerikanisches Englisch.*

Eine zweite Gruppe besteht aus Verben, die im britischen Englisch immer auf -ise *enden. Dazu gehören* advertise, exercise, improvise *und* televise.

Der größte Teil der Verben, deren Endsilbe »eyes« *gesprochen wird, gehört zur dritten Gruppe und kann entweder mit* -ise *oder* -ize *geschrieben werden. In den USA wird immer* -ize *verwendet; in Großbritannien sind beide Endungen geläufig, doch* -ise *ist häufiger.*

Hier können Sie sich entscheiden, wie Sie schreiben möchten. Wenn Sie sich unsicher sind, schauen Sie ins Wörterbuch. Und innerhalb ein und desselben Textes sollten Sie sich entweder für -ize *oder* -ise *entscheiden.*

Verb hinzugefügt werden (wie etwa bei *emailable*). Zu den etablierteren Wörtern auf *-able* zählen *drinkable*, *enjoyable*, *washable* usw. Theoretisch gilt, dass ein vollständiges Wort übrigbleibt, wenn man *-able* weglässt. Lässt man hingegen *-ible* weg, bleiben unvollständige Wörter zurück. Doch es gibt – natürlich – Ausnahmen: *affable*, *friable*, *immutable*, *accessible*, *flexible*, *suggestible* …

Homonyme & Co.

Schon ein kurzer Blick ins Wörterbuch genügt, um festzustellen, dass ein großer Teil der dort erfassten Wörter mehrere Bedeutungen hat. Wörter, die gleich geschrieben werden, aber unterschiedliche Bedeutungen haben, heißen **Homonyme,** wenn sie auch gleich ausgesprochen werden, und **Homographen,** wenn ihre Aussprache unterschiedlich ist. Wörter, die man gleich ausspricht, die aber unterschiedlich geschrieben werden und die unterschiedliche Bedeutung haben, nennt man **Homophone.** (Und wenn es Sie interessiert: Der Präfix *homo* stammt von dem griechischen Wort *homos* ab und bedeutet »gleich«.)

Homonyme

(Wohlgemerkt: Viele der folgenden Beispiele haben mehr als nur die beiden hier angeführten Bedeutungen.)

Bark: *Geräusch, das Hunde von sich geben/ äußere Hülle eines Baumes*

Fair: *gerecht, unparteiisch/Jahrmarkt, soziales Ereignis oder Messe*

Hide: *verbergen/die Haut eines Tieres*

Jam: *Fruchtaufstrich/gewaltsam hinein- klemmen oder hineinschieben*

Lap: *aufschlecken/eine Stadionrunde*

Lie: *eine Unwahrheit (sagen)/eine mehr oder weniger horizontale Position einnehmen*

Loom: *vage und möglicherweise bedrohlich auf jemanden wirken/ein Webstuhl*

Mail: *per Post verschicken, Briefe und Päckchen/ein Kettenhemd*

Page: *jemanden ausrufen lassen/junger Bediensteter im Hotel*

Pole: *der nördlichste oder südlichste Punkt der Erde/ein langer, gerader Stab aus Holz oder Metall*

Pound: *mehrfach kräftig gegen etwas schlagen/ eine Maßeinheit*

Stalk: *heimlich jemandem folgen/Pflanzen- stängel*

Homophone

Komiker lieben Homophone, denn man kann Wortspiele daraus machen. Man versteht ein Wort auf eine bestimmte Weise, aber plötzlich ist die Bedeutung doch eine andere. Der Effekt: erst Verwirrung und dann Amüsement. Die besten Wortspiele sind clever ausgedacht, viele andere sind jedoch nur bei richtigem Timing lustig und werden schal, wenn man sie zu oft hört. Berühmt ist ein Sketch von den *Two Ronnies*, der auf dem Doppelsinn von *fork handles / four candles* beruht (im Internet können Sie sich die komplette Nummer ansehen).

Probieren Sie einmal die folgenden Wortspiele aus, die sich auf Hompohone stützen. Sie funktionieren nur, wenn man sie laut liest:

Venison's dear, isn't it?

Und

Frage: What's your favorite wine?
Antwort: You don't buy me flowers anymore.

Wie Sie sehen, ist der Knackpunkt oben, dass *deer* und *dear* gleich klingen, und unten, dass *wine* als *whine* verstanden wird. James Essinger erwähnt in seinem Buch *Spellbound* ein Schild an einem öffentlichen Gebäude, auf dem stand: 'Closed due to leeks'.

Welch schlimme Schäden Gemüse doch anrichten kann. Einer der irritierendsten Heckaufkleber für Autos verkündet: 'If you can read this your too close.' Mein *too close*? Was bitte ist ein *too close*? Was auch immer das sein mag, ich besitze so etwas nicht.

Homophone – eine Auswahl

Die folgenden Wörter klingen gleich, unterscheiden sich aber in Schreibweise und Bedeutung:

air – Sauerstoff/Stickstoffgemisch

heir – einer, der etwas erbt

e'er – *ever*, in der Lyrik

ere – poetisch für »bevor«

bored – von Langeweile geplagt

board – zugeschnittenes Stück Holz

cereal – etwas Kerniges

serial – etwas Reihenförmiges

chews – jemand kaut

choose – auswählen

fate – Bestimmung

fête – feiern

flaw – ästhetische Beeinträchtigung

floor – Boden

gamble – Zockerei

gambol – Umhertollerei

groan – stöhnen

grown – größer geworden

hear – Geräusche wahrnehmen

here – an diesem Ort

loan – etwas Geborgtes

lone – einsam

male – männlich

prise – aufhebeln
prize – Auszeichnung

sail – per Boot reisen

sense – Bewusstsein, fühlen

wait – Zeit verstreichen lassen

mail – Post

pries – jemand verhält sich aufdringlich

sale – der Vorgang des Verkaufens

scents – Gerüche
cents – Währung der USA

weight – Schwere

Homografen

Homografen können unaufmerksame Leser leicht in die Irre führen. Die Wortpaare werden gleich geschrieben, haben aber unterschiedliche Bedeutung. Nur aus dem Kontext ist zu verstehen, welche gemeint ist. Schauen Sie also genau hin.

Ein paar alberne Beispielsätze
zum Thema Homografen

The **august** *professor is coming to give a talk in* **August**. *(Im ersten Fall Betonung auf* gust, *im zweiten auf* Au.)

The violinist gave a **bow** *and dropped his* **bow**. *(Die »Verbeugung« reimt sich auf* cow, *der »Bogen« auf* no.)

I don't want him to **desert** *me in the* **desert**. *(Das erste Wort wird hinten, das zweite vorne betont.)*

As she made her **entrance**, *she presented a sight to* **entrance** *even the most cynical. (Der »Auftritt« wird auf* en, *»bezaubern« auf* trance *betont.)*

Even though he was an **invalid** *they would not let him through, because his papers were* **invalid**. *(Im ersten Fall Betonung auf* in, *im zweiten auf* val.)

The **lead** *singer's comments went down like a* **lead** *balloon.* (*Das erste Wort reimt sich auf* feed, *das zweite auf* red.)

She **lives** *to hear about celebrities'* **lives**. (*Das erste Wort reimt sich auf* gives, *das zweite auf* hives.)

The **minute** *hand on this watch is* **minute***; I can hardly see it.* (*Die »Minute« wird auf der ersten Silbe betont. »Winzig« wird wie* my newt *ausgesprochen.*)

Have you **read** *that article yet? Oh, you must* **read** *it.* (*Das erste Wort klingt wie* red, *das zweite reimt sich auf* feed.)

They had a **row** *as to who was to* **row** *the boat.* (*Der »Streit« reimt sich auf* cow, *»rudern« jedoch auf* so.)

She was in **tears** *about the* **tears** *across her dress.* (*Die »Tränen« reimen sich auf* ears *und die »Risse« auf* airs.)

She **wound** *the bandage round the* **wound**. (*»Wickeln« reimt sich auf* round, *die »Wunde« auf* mooned.)

Kniffelige Wörter immer richtig schreiben

Hier sind ein paar anwenderfreundliche Eselsbrücken, die Ihnen helfen werden, einige der verzwickteren englischen Wörter nie wieder falsch zu schreiben. Diese – zugegeben oft etwas albernen Sätze – merkt man sich leichter als schnöde Buchstabenfolgen.

Accommodate: A Cosy Cottage Of Mellow Maple Or Dark Ash To Enter

Business: Bears Use Sugar In Nescafé, Elephants Spill Sugar

Diarrhoea: Died In A Rolls Royce Having Over-Eaten Again

Necessary: Never Eat Cake, Eat Salmon Sandwiches And Remain Young

Professor: Pigs Roam Over Fields Eating Sausage Sandwiches Or Rolls

Wenn es bestimmte Wörter gibt, die Ihnen wieder und wieder Probleme bereiten, können Sie sich leicht eigene Eselsbrücken bauen. Hier folgen ein paar Tipps, wie Sie sich diese verflixten Wörter merken können, die immer falsch aussehen, ganz gleich ob sie richtig geschrieben sind oder nicht.

Separate – hier ist »eine Ratte« versteckt: sep-**a**-**rat**-e

Lose, loose – 'A noose can be loose': eine Schlinge kann locker sein, aber nicht *lose*. *To lose* bedeutet nämlich verlieren: Hier ist wohl ein *o* verloren gegangen. Denken Sie daran, dass das *s* in *lose* stimmhaft ist, in *loose* jedoch stimmlos (stimmhaft wie in »Muse«, stimmlos wie in »Fuß« [Anm. d. Übers.]).

Rhyme / rhythm – beide beginnen auf *rhy-*. Die letzten drei Buchstaben von *rhythm* können Sie sich gut merken, denn: 'Rhythm makes your Two Hips Move.'

Onomatopoeia – die Ansammlung von Vokalen am Ende macht dieses Wort so kniffelig. Denken sie aber dabei an den Satz 'Show me my way', dann erklingen die vier Vokale, wie man sie auf Englisch buchstabieren würde (O, E, I, A). So können Sie sich die richtige Reihenfolge merken.

Stationary / stationery – *stationery* mit *e* ist ein Sammelbegriff für »pap<u>e</u>r and <u>e</u>nv<u>e</u>lopes«. Und bei bei *stationary* mit *a* denken Sie an »a tr<u>a</u>in stopped at a st<u>a</u>tion« (oder an das deutsche »stationär« [Anm. d. Übers.]).

Die wichtigsten Wörter mit »stummen« Buchstaben

B – *doubt, comb, numb, thumb*

D – *adjust, edge, handsome, Wednesday*

G – *campaign, design, gnarled, gnome, resign, through*

H – *rhyme, rhythm, whether, white*

K – *knife, knight, knock, know*

L – *calf, colonel, embalm, walk, yolk*

N – *column, damn, solemn*

P – *pneumonia, psychology, receipt*

T – *castle, listen, soften*

U – *biscuit, building, guard, tongue*

W – *sword, two, wrist, wrong*

-Cian, -sion und -tion

Die Endsilben *-cian, -sion* und *-tion* werden in der Regel »-schen« oder »-jen[1]« ausgesprochen und machen aus Verben Substantive.

- Endet der Wortstamm auf *d,* so wird das Substantiv fast immer mit *-sion* gebildet – Ausnahme: *retard / retardation*
- Endet der Wortstamm auf *s,* so wird die Endsilbe *-sion* verwendet: *compress / compression.*
- Erklingt am Ende des Wortstammes ein *t,* so endet das Substantiv entweder auf *-tion* – etwa bei *complete / completion* – oder auf *-sion,* wie bei *permit / permission.*
- Bezeichnet das neugebildete Substantiv eine Person, wird die »-schen« gesprochene Endung *-cian* geschrieben: *musician, optician, politician, technician* usw.
- Immer wenn die Ensilbe als kräftiges »-jen« ausgesprochen wird, ist die Schreibweise *-sion: vision, confusion* usw.
- Versuchen Sie doch einmal, ein paar Ausnahmen dieser Regeln zu finden …

---

[1] »J« wie in Journal oder Jeanette. Der fragliche Laut kommt im Deutschen nur in Fremdwörtern vor. [Anm. d. Übers.]

Typische Fallen umschiffen ...

1. Wenn Sie ein langes Wort schreiben müssen, unterteilen Sie es gedanklich in einzelne Silben, und achten Sie besonders auf Doppelbuchstaben.

2. Wenn Sie Kompostia – also zusammengesetzte Wörter – zu Papier bringen, stellen Sie sich die beiden Ursprungswörter getrennt vor. So vergessen Sie nicht so leicht einzelne Buchstaben. Beispiele: *lampshade, roommate, tabletop* usw.

3. Vergessen Sie die »stummen« Buchstaben nicht. Im Englischen sind sie besonders zahlreich, wie wir im folgenden Kapitel noch sehen werden. (Und wieder gibt es zahlreiche Ausnahmen.)

4. Eine Häufung von Rechtschreibfehlern ist für viele ein Anzeichen dafür, dass der Verfasser des Textes nicht sorgfältig arbeitet. Ein abschließener Rechtschreib-Check lohnt sich also bei jedem Text.

5. Eine Liste häufig falschgeschriebener Wörter finden Sie in diesem Buch auf S. 189 ff.

Die richtige Aussprache

In den meisten europäischen Sprachen ist die Aussprache ein weit geringeres Problem als im Englischen. Wenn ein englischer Muttersprachler andere europäische Sprachen lernt, hat er am ehesten Schwierigkeiten damit, die richtigen Laute zu produzieren – etwa gutturale Laute oder ein gerolltes *r*. Doch wie das Wort als Ganzes klingen soll – dafür gibt es Regeln, und wenn man sie kennt, sollte eigentlich alles ganz einfach sein …

Die englische Sprache kann Unvorsichtige jedoch ganz schön in die Irre führen. Sobald man ein neues Word auszusprechen gelernt hat, möchte man das Gelernte auch auf Wörter anwenden, die man ähnlich schreibt. Weit gefehlt. Die Aussprache einer bestimmten Buchstabenfolge kann stark variieren.

bough / cough / enough / through
love / move
comb / tomb
speak / steak
sieve / grieve
gorse / worse
wind / kind

Dieses Phänomen lässt sich weitgehend aus der Entstehungsgeschichte der einzelnen Begriffe erklären. Viele der stummen Buchstaben sind das Ergebnis einer Entwicklung in mehreren historischen Schichten. Wie wir schon erfahren haben, hat eine Eroberungswelle nach der anderen neue Wörter in die englische Sprache gebracht, und so mussten bereits bei der Einführung des lateinischen Alphabets Buchstabenkombinationen gebildet werden, um bestimmte neue Laute abbilden zu können. Die häufigste Kombination ist das *th*, das die Rolle der beiden altenglischen Runen *eth* und *thorn* übernommen hat.

Als Altgriechisch und Latein im 16. Jahrhundert wieder in Mode kamen, wurde die Lage noch komplizierter. Da manche Sprachwissenschaftler glaubten, es sei nützlich zu wissen, dass etwa das Wort *dette* einst aus dem lateinischen Begriff *debitum* entstanden ist, fügten sie das verlorengegangene *b* wieder ein, und es entstand *debt* – sowie eine ganze Reihe von Wörtern mit stummen Buchstaben, die alles nur noch verwirrender machten.

Viele Wörter griechischen Ursprungs haben ein stummes *p* – *psychology, pneumonia, pterosaur* – oder bilden den Laut *f* als *ph* ab – etwa *sophisticated*. (Das Wort *ptarmigan* verdankt sein *p* übrigens dem Irrtum, das Wort stamme aus dem Griechischen; tatsächlich geht es auf das schottisch gälische *tármachan* zurück.)

Welcher Buchstabe wird wie ausgesprochen: eine Kurzübersicht

Zunächst zu den **Vokalen** *(vowels)*. Diese Laute werden alle mit offenem Mund ausgesprochen, sodass Luft an den Stimmbändern vorbeiströmen kann, während sie vibrieren. Im Wort stehen Vokale meistens zwischen den Konsonanten, sodass wir immer wieder den Mund öffnen können. Ihre Aussprache kann sich aus den unterschiedlichsten Gründen verändern. Meistens hängt das mit den benachbarten Buchstaben zusammen. Ganz allgemein gesprochen, existieren von jedem Vokal – *a,e,i,o,u* und *y* – mindestens eine lange und eine kurze Form sowie weitere Varianten.

A/a kann kurz sein – wie in *mat oder another;* oder lang, wie in *cake, part* oder *paw.*

E/e ist kurz, wie in *bet* oder *the*; oder lang, wie in *she*

I/i ist kurz, wie in *pin;* oder lang, wie in *time*

O/o ist kurz, wie in *pot;* oder lang wie in *root*

U/u ist kurz, wie in *hut* oder *put;* oder lang, wie in *tune*

Y/y wird wie *i* gesprochen – kurz, wie in *pretty;* oder lang wie in *my*

Diese Übersicht ist stark vereinfacht – Vokale und Konsonanten können in der Aussprache variieren; manchmal sehr stark und manchmal nur ganz subtil. Diese Varianten können (wenn auch nicht immer und auch nicht auf einheitliche Weise) durch benachbarte Buchstaben kenntlich gemacht sein. Wie wir sehen werden, kann das ein guter Hinweis auf die richtige Schreibweise sein. Manchmal kann aber auch die richtige Schreibung für Verwirrung sorgen – etwa wenn das *u* in *busy* für ein kurzes *i* steht.

Das *Oxford English Dictionary* beschreibt Vokale sinngemäß als reine Stimmlaute oder musikalische

Töne, während **Konsonanten** *(consonants)* einfache Geräusche sind, die entweder ganz oder zum größten Teil im Mund oder in Mund und Nase gebildet werden. Sie machen den größten Teil des Alphabets aus. Ein und derselbe Buchstabe kann manchmal für einen »harten« und einen »weichen« Konsonanten stehen. Und manchmal stellen Kombinationen von Buchstaben einen bestimmten Laut dar. Im Ganzen gibt es bei den einzelnen Konsonanten weniger Klangvarianten als bei den Vokalen. Die häufigsten finden Sie in der folgenden Liste.

B/b wird ausgesprochen, wie man es im Allgemeinen erwartet. Gelegentlich ist es stumm, wie etwa am Ende von *bomb*.

C/c kann hart ausgesprochen werden, wie in *cat,* oder einen weicheren Klang abbilden, wie in *certrain*[1]. Die Kombination aus *c* und *h* wird *tsch* gesprochen, etwa in *chase,* und manchmal wie ein weiches *sch,* z. B. in *machine.* (In einigen Wörtern kann auch *ch* für ein *k* stehen, so in *chasm* und *ache.*)

D/d bietet keine besonderen Überraschungen, ist aber in einigen Fällen stumm, etwa in *adjust* oder *handkerchief.*

---

[1] Die harte Aussprache ist letztlich ein *k* und die weiche ein stimmloses *s* (Anm. d. Übers.).

F/f wird meist *f* gesprochen, wie in *off*, kann aber auch wie ein *v*[1] klingen, wie in *of*.

G/g kann hart klingen, wie in *go*, oder weich wie in *gentle*. In Kombination mit einem *n* entsteht der nasale Laut *ng,* wie in *long,*

H/h kann ausgesprochen werden (aspiriert), etwa in *have*, oder stumm sein, wie in *hour.* Steht ein *h* hinter den Konsonanten *c, s* oder *t,* verändert es deren Aussprache.

J/j klingt meist, wie Sie es erwarten[2]. Nur gelegentlich wird es weicher gesprochen, etwa in *abjure*.

K/k, L/l, M/m werden alle wie erwartet ausgesprochen. *L* und *k* können stumm sein, wie z. B. in *balmy* bzw. knee.

N/n bildet gemeinsam mit *g* das nasale *ng,* wie in *hanging* und ist manchmal stumm, etwa in *autumn*.

P/p wird gemeinsam mit *h* als *f* gesprochen, wie in ***p**hilosophy* und ist gelegentlich stumm, etwa in ***p**neumatic*.

---

1 Entspricht dem dt. *w.* Siehe S. 150 (Anm. d. Übers.).

2 Also *dj,* wie in »James«. Das weichere *j* in *abjure* entspricht dem dt. *j,* wie in »Joghurt« (Anm. d. Übers.).

Q/q wird fast immer mit einem folgenden *u* versehen und *kw* ausgesprochen, wie in *queen*. Manchmal lautet die Aussprache auch einfach nur *k,* etwa in *quoit, queue* oder dem Suffix *-esque*. Ohne *u* erscheint es in fremdsprachigen Namen wie etwa bei dem Golfstaat *Qatar* oder dem chinesischen *qigong* (einer Art Tai Chi).

R/r zeigt an, dass Vokale lang zu sprechen sind. Vgl. *pat* und *part*. (Sofern es nicht am Wortanfang steht.)

S/s kann stimmlos gesprochen werden, wie in *snake,* hat aber manchmal einen stimmhaften Klang, wie in *cosy* (das in den USA daher *cozy* geschrieben wird). Es kann mit *h* kombiniert als *sh* erklingen, wie in *sharp*. Die Verbindung mit *ch* steht gelegentlich für den gleichen Laut, so in *schedule* (britisch ausgesprochen), kann aber auch als *sk* gesprochen werden, wie in *school*.

T/t bildet gemeinsam mit *h* das *th* wie in *think* oder *this*.

V/v klingt, wie Sie es erwarten.[1]

---

1   Im Englischen wird *v* immer wie ein dt. *w* gesprochen (Anm. d. Übers.).

W /*w* kann den Klang vorangehender Vokale verändern, so in *raw* oder *stew*. Manchmal ist
es stumm, etwa in *who* oder *wrap*.

X/*x* klingt, wie Sie es erwarten.

Y/*y* kann auch ein Vokal sein.

Z/*z* wird – ob passend oder nicht – für das
Schnarchen von Comicfiguren verwendet.

Wir verwenden noch eine ganze Reihe weiterer
Sprachlaute, die durch Konsonanten oder Konsonan-
tenverbindungen verschriftlicht werden. (Die Zuord-
nung ist nicht immer ganz logisch.) So gibt es Wörter
wie *measure,* wo das *s* einen stimmhaften Laut (wie
im dt. »Journalist«, Anm. d. Übers.) abbildet, oder
attention, wo das *ti* wie *sch* gesprochen wird. Diese
Besonderheiten sind uns ebenso vertraut wie die oben
genannten Beispiele und sollten uns versierten Eng-
lischsprechern keine Probleme bereiten.

Aussprachetipps für Ausländer

I take it you already know
Of **tough** *and* **bough** *and* **cough** *and* **dough?**
Others may stumble, but not you,
on **hiccough, thorough, lough** *and* **through?**
Well done! And now you wish, perhaps,
To learn of less familiar traps?
Beware of **heared**, *a dreadful word*
That looks like **beard** *and sounds like* **bird**,
And **dead**: *it's said like* **bed**, *not* **bead** –
*For goodness sake don't call it '***deed***'!*
Watch out for **meat** *and* **great** *and* **threat**
(They rhyme with **suite** *and* **straight** *and* **debt***).*

A **moth** *is not a moth on* **mother**,
nor **both** *in* **bother**, **broth** *in* **brother**,
And **here** *is not a match for* **there**
Nor **dear** *and* **fear** *for* **bear** *and* **pear**;
Just look them up – and **goose** *and* **choose**,
And **cork** *and* **work** *and* **card** *and* **ward**,
And **font** *and* **front** *and* **word** *and* **sword**,
And **do** *and* **go** *and* **thwart** *and* **cart** –
Come, come, I've hardly made a start!
A dreadful language? Man alive!
I'd mastered it when I was five!

anonymer Verfasser

Psst! Stumme Buchstaben

Geschriebenes Englisch umfasst eine Vielzahl stummer Buchstaben – wahre Fallstricke auf dem Weg zu korrekter Orthografie und Aussprache. Etwas einfacher wird es, wenn man auf gewisse Dinge achtet: Beginnt etwa ein Wort auf *ps* oder *kn,* wird nicht jeder dieser Buchstaben ausgesprochen. Einer von beiden ist immer stumm. In der Regel (aber denken Sie daran, Regeln haben im Englischen immer Ausnahmen) ist es schwer, jeden Buchstaben einer Konsonantenverbindung wirklich auszusprechen. Wahrscheinlich ist einer von ihnen stumm. Schauen wir uns noch ein paar typische Muster an, die uns weiterhelfen.

G wird in der Regel nicht ausgesprochen, wenn ein *n* folgt; so in *feign, gnome, reign, sign* – Ausnahmen sind z. B. *recognize* oder *signature*.

GH wird vor *t* oder am Ende vieler Wörter nicht ausgesprochen: *daughter* (in *laughter* jedoch wird es wie *f* ausgesprochen, obwohl die umgebenden Buchstaben gleich sind), *right, through, weigh*.

H wird nach *w* nicht ausgesprochen: whale, what, wheel, why. (Manchmal, wenn das Wort besonders betont werden soll, erklingt es jedoch davor: 'And *HWAT* are you doing?' Tatsächlich lautet das entsprechende altenglische Wort *hwæt*.)

K wird am Wortanfang nicht ausgesprochen, wenn ein *n* folgt: *knack, knee, knife, knowledge*.

L wird in der Regel nicht gesprochen, wenn es am Wortende vor *d, f* oder *m* steht: *calm, half* (doch *halfpenny* wird in alter Tradition zu *ha'penny*, und in *self* wird das *l* gesprochen); *salmon* (doch *salmonella* mit gesprochenem *l*); *should* (aber in *bold, mould* und *scald* wird es gesprochen).

N wird nicht gesprochen, wenn es am Wortende nach *m* steht: *autumn; hymn* (aber in *autumnal* oder *hymnal* ist es nicht stumm).

P wird am Anfang vieler Fremdwörter – meist griechischen Ursprungs – nicht gesprochen: *pneumonia, psalm, psittacosis, psychiatry, ptarmigan* (wie erwähnt, verdanken wir das letzte Beispiel einem Klassizisten, der in dem Wort einen griechischen Ursprung vermutete, doch tatsächlich stammt es aus dem schottischen Gälisch).

W wird am Wortanfang vor *r* nicht gesprochen, etwa in *wrath, write, wrestle* (hier ist das *t* ebenfalls stumm) und *wrong,* und manchmal auch, wenn *ho* folgt: *who, whole, whom, whose.*

Weitere Kuriositäten der Aussprache

Mal weich, mal hart – C und G

Die Regel: Der Buchstabe *c* wird immer dann hart – also als *k* – ausgesprochen, wenn darauf ein *a, o* oder *u* oder ein Konsonant folgen – zu Beispiel *coat, climb, acorn, increase, uncle.* (Eine Ausnahme muss es ja geben: *caesarean* wird mit weichem *c* gesprochen.)

Das *c* wird weich – also als *s* – gesprochen, wenn anschließend ein *e, i* oder *y* steht: *celebrate, citizen, pincer* oder *cylinder.*

Die Ausnahmen: *ceilidh* stammt aus dem Keltischen und wird mit einem *k* gesprochen (»kayli«). Das gilt auch für *Celt* und *celtic* – aber auch die traditionellere Aussprache mit einem *s*-Laut ist üblich. So spricht sich auch der Fußballverein Celtic Glasgow. Eine weitere Ausnahme ist *arcing*, das – ganz zum Bedauern mancher Gemüter – mit einem harten *k* gesprochen wird. Und *cello* beginnt wie im Italienischen mit einem *tsch*-Laut.

Der Buchstabe *g* folgt den gleichen Regeln – jedoch nicht ganz so konsistent. Ein hartes *g* wird gesprochen, wenn *a, o, u* oder ein Konsonant folgen, so wie in **a**go, **g**alaxy, **g**laze, **g**olf oder **g**ull. In manchen Wörtern verdeutlicht ein eingeschobenes stummes *u*, dass auch hier ein hartes *g* gemeint ist, etwa in **g**uess, **g**uide oder **g**uitar.

Ausnahmen bilden das Wort *margarine*, das heute in der Regel mit weichem *g* (s. u.) gesprochen wird und Begriffe wie *acknowledgment*, falls sie, wie in den USA üblich, ohne *e* geschrieben werden. Ein weiches *g* (also ein *dj*-Laut[1]) wird vor *e, i* oder *y* gesprochen – etwa in *agitate, general, enrage, giant, gymnasium* oder *misogyny*.

Von dieser Regel gibt es eine Menge Ausnahmen, darunter **g**ear, **g**et, **g**irl, **g**irth und **g**ynaecology.

---

[1]   Wie in dem Namen »James« (Anm. d. Übers.).

Off und of

Die Aussprache dieser beiden häufigen Wörter kann gerade bei Nicht-Muttersprachlern Verwirrung auslösen. Off bedeutet soviel wie »entfernt«, »weg von« und ist das Gegenteil von on. Es wird mit einem gewöhnlichen f ausgesprochen, wie es auch in fluff, whiff oder sogar in phase vorkommt. Das Wort of mit der Bedeutung »Teil von« oder »zu etwas gehörig« wird jedoch am Ende wie ein deutsches w ausgesprochen – ow.

Obwohl man die beiden Wörter unterschiedlich ausspricht, werden sie in hastig oder nachlässig verfassten Texten oft verwechselt (und die Rechtschreibprüfung einer Software schlägt in diesem Fall nicht Alarm).

Gruseliges *gh*

Selbst für Muttersprachler kann die Aussprache von Wörtern mit *-augh, -aigh, -eigh, -igh* und *-ough* zur Herausforderung werden – besonders vertrackt ist *-ough*. Wie schwer muss es dann für Menschen sein, die Englisch als Fremdsprache lernen. Als Erstes kann man sich merken, dass *gh* meistens gar nicht ausgesprochen wird … aber es gibt – natürlich – Ausnahmen.

Zuerst die einfachen: Wörter auf *-ight*. Hier ist das *gh* einfach Zeichen dafür, dass das *i* als *ai* auszusprechen ist. Somit reimen sich Wörter wie *light* oder *tight* auf *bite*.

Endet ein Wort jedoch auf *-aight,* so reimt es sich auf *fate* – z. B. *straight.*

Steht am Ende *-eight,* so kann es sich auf *light* und *bite* reimen, so wie *height* und *sleight* …

… oder auf *straight* und *fate*, wie im Fall von *eight* und *weight*.

Weniger kniffelig sind Wörter auf *-augh*. Bei den meisten reimt sich das *-augh* auf *sort* – darunter *caught*, *daughter* und *taught*. Doch es gibt auch *draught*, das wie »draft«, und *laugh*, das wie »laaf« ausgesprochen wird – doogh, oder?

Doch es kommt noch schlimmer …

Although reimt sich auf *all go*.

Bough und *plough* reimen sich auf *brow, cow* usw.

Bought, brought, ought, thought und *wrought* reimen sich alle auf *port* und *short*.

Den Laut in *borough, thorough, thoroughbred* usw. kann man allenfalls als *urr'h* wiedergeben (das *-ough* wird als **Schwa** gesprochen – s. S. 155)

In *cough* und *trough* steht das *gh* für ein *ff*, beide Wörter reimen sich auf *off*.

Dough und *though* reimen sich auf *foe, slow* usw.

Drought reimt sich auf *out, spout* usw.

Hiccough (das *gh* wird *p* gesprochen) reimt sich auf *pick-up* und kann daher auch *hiccup* geschrieben werden.

Hough (selten) wird nicht nur *hock* ausgesprochen, es ist auch eine andere Schreibweise für dieses bestimmte Gelenk.

Lough (ein Gewässer) wird wie das schottische Wort *loch* ausgesprochen (wie »Loch«).

In *rough* und *tough* steht das *gh* wieder für *ff*, und sie reimen sich auf *fluff* und *stuff*.

Slough (»Sumpf« und der Name einer Stadt) reimt sich auf *cow, now* usw.

Slough (in der Bedeutung »häuten«, wie bei Schlangen, oder »abrutschen« von Boden oder Felsen) reimt sich auf *cuff, fluff* usw.

Through wird wie *throo* ausgesprochen (und reimt sich daher auf *crew, true* usw.).

Betonung und Sprachrhythmus

Anders als etwa Französisch oder Spanisch, wo jede gesprochene Silbe die gleiche Dauer hat *(syllable-timed)*, ist das Englische *stress timed*, wie andere germanische Sprachen auch. Das bedeutet, dass die Betonungen beim Sprechen einen gleichmäßigen Takt bilden, ganz gleich, wie viele Silben dazwischen liegen. Um also den Rhythmus der Betonungen gleichmäßig zu halten, werden wichtige Wörter betont, während weniger wichtige (wie etwa die Artikel – *a, the* –, die Präpositionen – *of, for* usw. – oder

Konjunktionen – *and, are*) verkürzt, abgeschwächt und schnell gesprochen oder sogar zusammengezogen werden, sodass man z. B. jemanden sagen hört: 'Sraining cats 'n' dogs' oder 'He shouldn't've done that'. Manchmal fallen auch ganze Wörter weg (s. Kasten »Elision«).

Elision

In schnell gesprochenem Englisch gibt es das Phänomen der Elision. *Das bedeutet, dass Vokale wegfallen und Konsonanten direkt ineinander übergehen. So wird das* a *in der Wortendung* -ary *normalerweise als Schwa gesprochen, denn die Betonung des Wortes liegt auf seiner ersten Silbe. Wird dieses Schwa »verschluckt«, so entsteht die Endung* -ry – *und* temporary *wird* »temprary« *gesprochen. Aus* secretary *wird* »secretry«, *aus* cementary »cementry« *und aus* necessary »necessry«. *Diese Form der Aussprache gilt als »zulässig«. Doch viele gehen noch einen Schritt weiter und aus* temporary *wird* »tempry«, *aus* secretary *wird* »secetry«, *aus* library »libry« – *das ist dann wirklich übertriem.*

Das gleiche geschieht auch innerhalb einzelner Wörter. Die Vokale betonter Silben behalten ihren vollen

Klang, während Vokale in unbetonten Silben abgeschwächt werden. Der häufigste Laut der englischen
Sprache ist daher der Vokal in unbetonten Silben –
das **Schwa** (auch: *shwa*). Der Name geht auf den he-
bräischen Begriff für »neutraler Vokal« oder »Leere«
zurück. Im Internationalen Phonetischen Alphabet
wird das Schwa so geschrieben: /ə/.

Das Schwa taucht meistens in der Mitte eines
Worts auf – wenn auch nicht immer, wie die folgenden Beispiele zeigen. Es wird etwa wie der unbe-
stimmte Artikel *a* ausgesprochen. Die Funktion des
Schwa zu kennen, kann sicher vielen, die Englisch als
Fremdsprache lernen, helfen, ihre Aussprache und
ihren Sprachrhythmus zu verbessern.

In diesen Beispielen sind Buchstaben, die als Schwa
ausgesprochen werden, immer fett gedruckt.

Bananа, descendant, exhilarate, postman
Apparent, aqueduct, problem, synthesis
Compatible, experiment, pencil, pupil
Brother, gallop, lesson, tomorrow
But, century, support, medium
Misogyny, methylated, syringe, zephyr
Does, measure, mountain, ocean, southern,
   theatre, thorough

Da jeder Vokal als Schwa gesprochen werden kann,
kommt es oft zu Rechtschreibfehlern wie diesen:

seperate, indispensible, cemetary, desparate[1]. Außerdem können sich viele nicht zwischen *dependent* und *dependant* entscheiden. Beides ist korrekt, doch das erste ist ein Adjektiv und das zweite das entsprechende Substantiv.

Auch die Betonung kann von einer Silbe zur andern wechseln und so die Wortbedeutung verändern – in der Regel wird dabei aus einem Substantiv ein Verb oder umgekehrt –, was manchmal Grund für Verwirrung ist. Zwei Beispiele: 'You have a **present** (ein Geschenk, Betonung auf der ersten Silbe) that you are goint to pre**sent** (also »geben«, Betonung auf der zweiten Silbe) to your friend.' Oder: 'The athlete broke the world **re**cord (vorne betont) in the 10,000-metre race, but his father forgot to re**cord** (hinten betont) the event.'

---

[1] Falsche Buchstaben sind unterstrichen (Anm. d. Übers.).

E-Mail, Briefe und Bewerbungen

In der schriftlichen Kommunikation können wir unsere Englischkompetenz am besten unter Beweis stellen. Seinem Mitbewohner eine Nachricht an die Pinnwand zu hängen, dass Milch fehlt, ist noch keine große Herausforderung, aber wenn wir Kunden, Organisationen oder potenzielle Arbeitgeber per E-Mail oder Brief ansprechen, ist sprachliche Klarheit oberstes Gebot. Wenn Sie gute Briefe schreiben können, stehen die Chancen gut, dass man ihnen Beachtung schenkt und Sie eine relativ zügige, freundliche und hilfreiche Antwort erhalten.

Erstklassige E-Mails

Schreiben Sie einem Unbekannten, dessen Namen Sie nicht kennen, so lautet die geläufige Anrede *Dear Sir* oder *Dear Madam*. Andernfalls sprechen Sie die Person mit *Dear Mr / Mrs / Ms[1] / Miss [Name]* an.

---

[1]   *Ms* hat sich als neutrale Anrede für eine Frau etabliert, von der man nicht weiß, ob sie verheiratet ist (Mrs) oder die man nicht als »Fräulein« (Miss) ansprechen möchte (Anm. d. Übers.).

Es ist durchaus üblich und angemessen, E-Mails mit einem einfachen *Kind regards* oder *Best wishes* zu schließen. Bleiben Sie immer höflich, fassen Sie sich kurz, drücken Sie sich klar aus, und überprüfen Sie am Schluss Rechtschreibung und Zeichensetzung. Wenn Sie zusätzliche Dateien wie Fotos oder Dokumente mitschicken möchten, vergessen Sie das Attachment nicht – und versichern Sie sich, dass Sie die richtige Datei angehängt haben.

Beim Schreiben von E-Mails wechselt man oft schneller auf eine weniger förmliche Ebene, als es bei Briefen der Fall wäre. Bei einem längeren Schriftwechsel per Mail kann es sein, dass sich beide Korrespondenten schon bald sehr kurz fassen. Freunde können mit einem einfachen *Dear so-and-so, Hello* oder *Hi* angesprochen und genau wie in einem formlosen Brief gegrüßt werden.

Achten Sie immer darauf, dass Sie die Mailadresse auch richtig eingegeben haben. Ein Klick genügt, und schon schicken Sie eine E-Mail an die falsche Person, was sehr unangenehm werden kann.

Versenden Sie niemals vertrauliche Informationen wie Kreditkarten-Nummern oder andere riskante Daten per E-Mail.

Bewegende Briefe

Nicht jeder Brief muss in gleichem Maße förmlich sein. Ein förmliches Schreiben ist dann angebracht, wenn man sich an Geschäftspartner, Banken und Versicherungen, an Firmen, bei denen man sich über Dienstleistungen oder Waren beschweren möchte, oder an potentielle Arbeitgeber wendet. Bei all dem gibt es ein paar allgemeine Regeln, die man beachten sollte, wenn man den Stift zur Hand nimmt – oder zur Tastatur greift –, um einen echten Brief zu schreiben.

1. In die rechte obere Ecke gehört Ihre Adresse. (Wenn Sie Ihr eigenes Briefpapier benutzen, ist sie schon vorgedruckt.) Ihr Name erscheint dort nicht,

aber Sie können Ihre Telefonnummer und Ihre E-Mail-Adresse dort angeben:

> 44 Lettercare Road
> London SW25 4NO
> Tel: 0201234567
> email: norman.bates@batesmotel.com

2. Platzieren Sie Namen und Adresse Ihres Adressaten auf der linken Seite, unterhalb der letzten Zeile Ihrer eigenen Adresse. Kennen Sie seinen Namen nicht, so behelfen Sie sich im Zweifelsfall mit seiner Position im Unternehmen wie etwa *Head of Security* oder *Marketing Manager* o. ä.

> Ms Amina Khan [oder z. B. Personel Officer]
> Moneybank Plc
> Miser Street
> London EC4 8PR

3. Vergessen Sie das Datum nicht. Es kann links oder rechts unterhalb der Adressen stehen. In Großbritannien sind die folgenden beiden Datumsformen üblich: *1 April 2012* oder *1st April 2012*.

4. Verwenden Sie als Anrede *Dear Sir or Madam,* wenn Sie den Namen der Person nicht kennen,

oder *Dear Mr / Mrs / Miss / Ms / Dr* plus Nachname.
Wenn Sie nicht wissen, ob eine Adressatin als *Miss*
oder *Mrs* angeredet werden möchte, verwenden Sie
das neutrale *Ms*.

5. Beziehen Sie sich auf ein anderes Schreiben (etwa
wenn jemand Ihnen geschrieben und im Briefkopf
eine Vorgangsnummer vergeben hat), dann fügen
Sie die entsprechende Betreffzeile oberhalb Ihres
Textes ein. Schreiben Sie an Ihre Bank, dann nennen Sie auch Ihre Kontonummer, die Bankleitzahl
und den Namen des Kontoinhabers.

6. Verfassen Sie nun Ihren Brief (mit anderthalbzei-
ligem Abstand, denn so lässt er sich wesentlich
leichter lesen als in einem einzeiligen Textblock).
Fassen Sie sich kurz, bringen Sie Ihr Anliegen auf
den Punkt, und drücken Sie sich klar aus.

Manche Leute gliedern ihre Briefe in drei Teile:
Zuerst wird kurz der Anlass des Briefs genannt: 'I
am writing to ask you to increase my overdraft'…
oder 'Thank you for your letter of 29th March, ref.
oxooxo …'

Im zweiten Teil wird das Anliegen ausführlich
dargelegt – warum man einen höheren Dispo
braucht, für wie lange und so weiter. Oder man
beantwortet schlicht den Brief des Adressaten.

Zuletzt kann man der angeschriebenen Person
für ihre Aufmerksamkeit danken und die eigenen
Erwartungen darlegen – etwa die Hoffnung, dass

der höhere Dispo gewährt wird, oder dass man sich auf die baldige Antwort des anderen freut.

7. Die üblichen Grußformeln lauten *Yours sincerely,* wenn Sie Ihr Gegenüber namentlich anschreiben, oder *Yours faithfully,* wenn Sie *Dear Sir or Madam* als Anrede verwendet haben.

8. Unterzeichnen Sie Ihren Brief mit Ihrer Unterschrift (wichtig: tun Sie dies handschriftlich, selbst wenn Sie Ihren Brief getippt haben sollten) und setzen Sie Ihren Namen in Druckschrift darunter. Wenn Sie es für möglich halten, dass Ihr Adressat nicht weiß, ob Sie ein Mann oder eine Frau sind (etwa weil Sie Sascha oder Andrea heißen), können Sie die gewünschte Anrede in Klammern hinzufügen.

9. Lesen Sie Ihren Brief noch einmal gegen! Fehler setzen Sie in ein schlechtes Licht und schaden Ihrem Anliegen. Bei Bewerbungen können sie dazu führen, dass Ihre Mappe gleich aussortiert wird.

Rechtschreibung: Eine automatische Prüfung per Software ist nützlich und sinnvoll, aber das Programm kann nicht den Sinn Ihres Textes erkennen. Achten Sie besonders auf Homophone, die allzu schnell zu Fehlern führen: 'I am very accurate – I cannot bare mistakes ...'

Grammatik: Nehmen Sie sich Zeit, Ihren Text auf Grammatikfehler zu prüfen. Lesen Sie ihn sich laut

7 Smithfield Drive
Huntingford
Berkshire RG6 10B

Customer Services Manager
Western Trains
Apple Valley Industrial Estates
Swindon SN4 7HQ

17th July 2011

Dear Sir or Madam,
I am writing with reference to a recent train journey
I took between Swandon and Huntingford. It was
with great disappointment that I noticed that you are
no longer stocking Lemon and Poppyseed Shortbread
in the buffet car; instead I was forced to purchase two
vastly inferior Lemon Thins. I am writing this letter
to ask you to reconsider the range and quality of bis-
cuits available on your trains (and to request a free
packet of Lemon Thins by way of compensation).

Yours faithfully,

J. Partington

Mr J Partington

vor – und bitten Sie ggf. einen Freund, ihn auch noch einmal durchzusehen.

Zeichensetzung: Nehmen Sie sich auch dafür Zeit. Versichern Sie sich, dass alle Sätze klar und vollständig sind.

Stil: Vermeiden Sie Jargon, blumige Ausdrucksweise und langatmige Erklärungen. Wenn Sie einen förmlichen Brief schreiben, verzichten Sie außerdem auf umgangssprachliche Ausdrücke, Abkürzungen und Zusammenziehungen (*I'm* oder *they've* usw.). Drücken Sie sich klar und unmissverständlich aus.

Tonfall: Bleiben Sie immer höflich – auch in Beschwerdebriefen. (Denken Sie immer daran, dass die Person, die Ihren Brief lesen wird, wahrscheinlich nicht selbst für den fürchterlichen Missstand verantwortlich ist, über den Sie sich beschweren möchten.)

Bestechende Bewerbungsschreiben

Bewerbungsschreiben sind für die meisten Menschen die wichtigsten Briefe, die sie jemals schreiben müssen. Wenn sie gut geschrieben sind, können sie Ihnen Tür und Tor für Ihre Karriere öffnen und Ihnen sogar zu Ihrem Traumjob verhelfen. Misslungene Anschreiben schmälern Ihre Chancen jedoch unnötig. Bei Ihrem Anschreiben ist schon der korrekte Aufbau entscheidend – nehmen Sie sich daher die vorangegangenen Seiten zu Herzen. Daneben gibt es noch eine ganze Reihe goldener Regeln, die Ihrem Erfolg förderlich sind.

Tipps für ein gelungenes Anschreiben

Machen Sie Ihre Hausaufgaben: Sie sollten genau wissen, welche Eigenschaften und Qualifikationen gefragt sind, und herausfinden, was Ihr möglicher Arbeitgeber genau tut, und womit er in letzter Zeit erfolgreich war.

Wiederholen Sie nicht einfach, was schon im Lebenslauf steht: Lenken Sie das Interesse des Personalbeauftragten lieber auf die Punkte, die für die ausgeschriebene Stelle besonders wichtig sind und gehen Sie auf entscheidende Aspekte, die im Lebenslauf nur kurz genannt sind, genauer ein.

Beschränken Sie sich auf eine Seite: Wenn Sie sich klar ausdrücken, brauchen Sie nicht mehr Platz. Bei längeren Anschreiben laufen Sie Gefahr, ins Plaudern zu geraten und Ihren potenziellen Arbeitgeber zu langweilen.

Sie, ich, wir: Gehen Sie in drei Schritten vor und erläutern Sie (1) warum Sie genau für diese Firma arbeiten möchten, (2) warum Sie durch Ihre Qualifikationen und Ihre Erfahrung der ideale Bewerber sind und (3) welche Parallelen zwischen Ihren derzeitigen Aufgaben und den Anforderungen der Firma beweisen, dass Sie hervorragend in deren Struktur hineinpassen.

Tipps für einen gelungenen Lebenslauf

Achten Sie **immer** auf eine einheitliche Formatierung mit Überschriften in identischer Schriftgröße und einheitlichen Abständen zwischen gleichrangigen Gliederungspunkten.

Machen Sie das Layout **bloß nicht** zu kompliziert. Zu viele unterschiedliche Schriftarten und Gliederungsebenen verwirren den Leser. Denken Sie immer daran, dass es auf die Information ankommt und nicht auf ein auffälliges Design (es sei denn, Sie bewerben sich um einen Job als Grafikdesigner ...)

Gliedern Sie den Lebenslauf **immer** in eindeutig und einfach bezeichnete Bereiche, die nach ihrer Wichtigkeit sortiert sind. Die übliche Reihenfolge ist *Education, Employment, Additional Training* und, zum Abschluss, *Interests*.

Legen Sie sich **bloß keine** erfundenen Hobbys oder Interessen zu – jeder Punkt Ihres Lebenslaufs kann zu Rückfragen führen.

Beschränken Sie sich **immer** auf zwei Seiten – Ihr potenzieller Arbeitgeber widmet sich Ihrer Bewerbung nur für eine begrenzte Zeit, bevor er sich die nächste Mappe vornimmt.

Stilvoll kommunizieren

Die Grundregeln für einen gelungenen Prosatext sind immer dieselben, ganz gleich, ob Sie einen Bericht am Arbeitsplatz, einen Lebenslauf oder einen Brief verfassen: *Achten Sie immer auf eine klare Ausdrucksweise und einen schlüssigen Aufbau.* In diesem Kapitel widmen wir uns einigen typischen Fallen und schauen uns an, wie man sich auf Englisch klar und korrekt ausdrückt.

Rhythmus, Ton und andere Instrumente

Wer gute Texte zu Papier bringen möchte, muss auch auf den Sprachrhythmus achten. Manchmal ist es nötig, hier und da ein Wörtchen zu ändern, sodass der Text im Kopf des Lesers gut klingt. Der Klang ist eine der wichtigsten Waffen im Arsenal eines guten Autors. Sie können sich versichern, dass Ihr Text einen angenehmen Sprachrhythmus hat, indem Sie sich Ihren ersten Entwurf laut vorlesen. In der

Lyrik ist der Takt der Sprache natürlich besonders wichtig, aber auch ein guter Prosatext muss mit einem Sinn für Rhythmus geschrieben sein, wenn er seine Wirkung voll entfalten soll. Darüber hinaus gibt es weitere rhetorische Techniken, die einen Text oder einen Vortrag lebendiger machen:

Alliteration: Aufeinander folgende Wörter beginnen mit dem gleichen Laut; besonders beliebt in Werbeslogans und Produktnamen: *Coca-Cola* oder *Dunkin' Donuts*.

Onomatopöie: Die Verwendung von Wörtern, deren Klang an das erinnert, was sie bezeichnen – etwa *babble, bark, murmur, fizzle* und *bang*.

Reim: Der dezente Einsatz von Reimen kann einen Prosatext lebendig machen; besonders wenn er laut vorgetragen werden soll.

Drei Schlagworte: Diese bewährte Technik wird oft in der Politik eingesetzt, um Statements auf den Punkt zu bringen ('Education, education, education' – Tony Blair), kann aber auch Briefe und Vorträge bereichern.

Wiederholung: Auch wenn Sie Tautologien unbedingt vermeiden sollten (vgl. S. 184), kann das bewusste Wiederholen einer besonders wichtigen These

Ihrem Text einen roten Faden geben und Ihrer zentralen Botschaft Nachdruck verleihen.

Bildhafte Sprache: Wenn Sie Metaphern und Vergleiche (vgl. S. 41) gekonnt einsetzen, können Sie Ihre Schilderung besonderes anschaulich gestalten und Leser oder Zuhörer fesseln.

Oxymoron: Bei dieser rhetorischen Figur werden offensichtliche Widersprüche miteinander verbunden, um eine besondere Wirkung zu erzielen. Beispiele sind *a silent scream, bittersweet* oder *living dead*. In Shakespeares Stück *Romeo und Julia* gerät Romeo in einen wahren Oxymoron-Rausch: 'Oh heavy lightness! serious vanity! / Misshapen chaos of well-seeming forms! / Feather of lead, bright smoke, cold fire, sick health! / Still-waking sleep …' (Akt 1, Szene 1).

Typische Fallen

In diesem Buch ist bereits eine Vielzahl von Regeln zur Sprache gekommen, die wir nur bewusst anwenden müssen, um uns in Wort und Schrift korrekt auszudrücken. Es gibt jedoch auch gewisse schlechte Angewohnheiten, denen wir schnell zum Opfer fallen und die man sich nicht so leicht abgewöhnt. Manche sind eigentlich offensichtlich, andere nicht.

Die doppelte Verneinung: 'We don't need no education'

Doch, wir brauchen Bildung, ist eigentlich die Aussage des berühmten Pink-Floyd-Songs »Another Brick in the Wall« – wenn man sich der geläufigen Meinung anschließt, dass zwei Verneinungen sich gegenseitig neutralisieren und letztlich eine positive Aussage dabei herauskommt.

Auch der Londoner Bilderbuch-Ganove mit seinem Cockney-Akzent macht sich mit der Beteuerung 'I didn't do nuffin, guv' der doppelten Verneinung schuldig. Doch man muss nur die zweite Verneinung durch das Wort oder den Präfix *any* ersetzen, und schon ist alles korrekt. Der Ganove hätte sagen müssen 'I didn't do *any*thing, guv' – oder wenigstens 'I didn't do *any*fink, guv'.

Weitere typische Beispiele sind 'I couldn't get no sleep last night' – korrekt wäre 'I couldn't get *any* sleep last night'; 'I wouldn't go nowhere where it might snow', was heißen muss: 'I wouldn't go *any*where where it might snow' und 'Nobody knows nothing about me' – richtig wäre 'Nobody knows *any*thing about me'.

Eine bestimmte Form der doppelten Verneinung ist jedoch durchaus korrekt und üblich, wenn die beiden Negationen tatsächlich eine abgeschwächte positive Aussage vermitteln. Diese Abschwächung steht zwischen den Zeilen und hängt stark von Tonfall und Kontext ab. Es schwingt immer ein »aber« mit, etwa wenn eine Aussage ihren Tadel hinter einem dünnen Lob versteckt oder wenn sie ironisch gemeint ist.

> It is not that I am not grateful (*but* you should not have done that).

> I do not disagree (*but* do not agree wholeheartedly).

Der Unterschied zwischen den beiden Formen der doppelten Verneinung dürfte klar sein. Die zweite Form sollten Sie nur mit Vorsicht einsetzen – achten Sie darauf, dass Sie den richtigen Ton treffen. Verwenden Sie die erste Form allenfalls im Scherz. Merken Sie sich als wichtigste Regel, dass Sie auf doppelte Verneinungen ganz verzichten sollten, wenn Sie sich wirklich klar und eindeutig ausdrücken möchten.

Me and my friend

Beim Einsatz von Pronomen werden häufig *Subjekt* und *Objekt* des Satzes verwechselt. Um diesen typischen Fehler zu vermeiden, lohnt es sich wirklich, Zeit und Mühe zu investieren, denn er wirft ein schlechtes Licht auf den Sprecher oder Verfasser eines Textes.

Us girls are going out to a party tonight.

Falsch. Nicht, dass Sie besser zu Hause bleiben sollten – aber vielleicht wäre ein Abend auf der Couch mit einem Grammatikbuch auch keine vertane Zeit. *Us* wäre richtig, wenn die Mädels das Objekt des Satzes bildeten, hier sind sie jedoch das Subjekt: '*We* girls are going out to a party.'

Ähnliche Probleme gibt es bei *I, me* und *my*.

My mum and *me* went shopping.

Falsch. Sie würden doch auch nicht sagen '*Me* went shopping'. Warum sollte sich das ändern, nur weil

Ihre Mutter mitkommt? Es muss heißen: 'My mum and *I* went shopping.'

Philippa invited John and *I* to her party.

Falsch. Hat sie nicht – 'She invited John and *me*'.

Eigentlich ist es ganz einfach. Wenn Sie die anderen Personen aus Ihrem Satz entfernen, können Sie viel leichter feststellen, ob *me* oder *I* richtig ist. Wenn der Satz 'She handed the books to me' richtig ist, dann stimmt auch 'She handed the books to Simon and me' Wenn 'I went by train' richtig ist, dann ist auch 'He and I went by train' korrekt.

Und wenn Sie mal etwas unter vier Augen besprechen müssen – heißt es dann 'between you and I?' Nein:

Between you and me
is what it should be.

Konjugationsregeln

Eine wichtige Regel, die es immer zu beachten gilt, ist: Die **Verbform** *richtet sich nach dem* **Subjekt** *des Satzes.*

Das müsste eigentlich jedem klar sein, und doch wird diese Grundregel von englischen Muttersprachlern häufig missachtet. Wenn Sie in Großbritannien leben, haben Sie heute sicher schon einmal jemanden we was, they was, he done it *oder sogar* I were *sagen gehört (vgl. jedoch S. 66 – Konjunktiv) – vielleicht haben Sie es sogar selbst gesagt. Gegenüber so manchem Fehler ist das Englische sehr gnädig, aber dieser gehört nicht dazu. Wenn Sie alltägliche Verben falsch konjugieren – besonders in geschriebenen Texten –, dann tun Sie sich, gelinde gesagt, keinen Gefallen. Stellen Sie sich nur einmal vor, Frank Sinatra wäre in London aufgewachsen und hätte gesungen* 'I done it my way'.

Hängen gelassen

An dieser Stelle scheint es mir angebracht, ein Wort über Umstandsangaben mit falschem Bezug *(dang-*

ling modifiers, auch *dangling participles)* zu verlieren. Vermeiden Sie diesen Fehler unbedingt – auch wenn das Phänomen nur halb so gruselig ist wie seine Bezeichnung, wie so oft bei Fachbegriffen der Grammatik.

Die Umstandsangabe oder adverbiale Bestimmung liefert in diesem Fall nähere Informationen zu einem der übrigen Satzteile. Lassen Sie mich nun das Monster namens »falscher Bezug« an zwei Beispielen erläutern:

> Being a sunny day, we decided to go mushroompicking.

> Wearing gloves at all times, mushrooms can be picked in British woodland throughout the autumn.

Sollten Sie die Fehler in diesen beiden Sätzen nicht sofort erkennen, so fragen Sie sich doch, ob Sie schon einmal ein sonniger Tag waren und wann Ihnen zuletzt Pilze begegnet sind, die Handschuhe trugen. Der Verfasser wollte uns Zusatzinformationen vermitteln, doch er hat sie fälschlicherweise so angeschlossen, dass sie sich nun auf *we* bzw. *mushrooms* beziehen und nicht auf die allgemeinen Umstände bzw. denjenigen, der Pilze sammelt. So ist es richtig:

> **It being / As it was** a sunny day, we decided to go mushroom-picking.

Wearing gloves at all times, **you** can pick mushrooms in British woodland throughout the autumn.

Soll sich die Umstandsangabe auf ein Substantiv beziehen, so *muss* dieses Substantiv unmittelbar darauf folgen.

Frage: As a young boy, was your mother very strict with you?

Antwort: Now let's get one thing clear. My mother was never a young boy.

Sehen Sie? Die Stellung der Satzteile ist entscheidend – besonders wenn man Witze machen möchte! (So wäre der Satz korrekt: 'As a young boy, were you treated very strictly by your mother?')

Sieben Goldene Regeln für gutes Englisch

In seinem Essay »Politics and the English Language« hat der Schriftsteller George Orwell sechs Regeln für den Kampf gegen holpriges und langweiliges Englisch aufgestellt. Im Wesentlichen sind sie zwar noch genauso aktuell wie damals, doch ich habe meine eigene siebte Regel hinzugefügt.

Regel 1: Verwenden Sie niemals Metaphern, Vergleiche oder Bilder, die wir längst aus gedruckten Texten kennen.

Mit anderen Worten, meiden Sie Klischees und einfallslose Sprache. Klischees sind ähnlich wie Holzwürmer: Sie bohren sich in durchaus gesunde Texte, und noch ehe Sie sich versehen, ist es aus mit lebendiger Sprache, die Struktur ist unrettbar beschädigt und das Ganze bricht in sich zusammen.

Klischees

Wenn die Zeit – wieder einmal – knapp ist, greifen wir gerne auf Klischees zurück, denn ihre Erfinder haben die Denkarbeit bereits für uns erledigt. Unser Gegenüber versteht uns, denn er spricht unsere Sprache, und wir selbst müssen keine Zeit mit der Suche nach originellen Einfällen verschwenden. Das Schöne an Klischees ist ja, dass sie einsatzbereit und fix und fertig zur Verfügung stehen; Vorbereitung ist nicht nötig. Sollte Englisch für Sie eine Fremdsprache sein, sind Klischees tatsächlich sehr nützlich, denn sie sind praktische Kommunikationsbausteine. Jeder versteht Sie sofort, und keiner wird es Ihnen übel nehmen, wenn Sie hin und wieder abgedroschene Phrasen verwenden.

Hier ist eine Liste beliebter Klischees. Meiden Sie sie – wie der Teufel das Weihwasser. (Oh, Pardon. Sie sehen, Klischees drängen sich überall auf.)

It's not rocket science
Push the envelope / think outside the box
Can't see the wood for the trees
Over the moon
Sick as a parrot
Skating on thin ice
Walking on eggshells
Get a life
Separate the sheep from the goats /
the men from the boys
The bee's knees
In your dreams
You're as old as you feel

Neulich habe ich gehört, wie eine Frau sagte, sie nähme lieber zwei Medikamente, um ihre Beschwerden zu kurieren, statt nur ein einziges. 'I'd like to kill two birds with one stone', sagte sie. Diese Redewendung ist von vornherein schon eine seltsame Wahl, doch um sich genauer auszudrücken, hätte sie sagen sollen: 'I'd like to kill one bird with two stones.' So hätte sie bewiesen, dass sie nicht nur geredet, sondern auch nachgedacht hat, und sie hätte eine lebendige Sprache verwendet, die Neues und Vertrautes miteinander kombiniert.

Regel 2: Verwenden Sie niemals ein langes Wort, wenn es auch ein kurzes sein kann.

Wenn ein langes Wort ganz genau ausdrückt, was Sie sagen möchten, dann verwenden Sie es. Versuchen Sie aber nicht, Ihren Text durch die Wahl eines langen Worts so wirken zu lassen, als sei er besonders komplex oder schwierig oder nur für eine ausgewählte Leserschaft bestimmt – oder als sei sein Verfasser ein besonders heller Kopf. Lange Wörter sind nichts Schlechtes, doch sie müssen ganz gezielt eingesetzt werden, um Ihre Aussage zu verdeutlichen, sonst haben sie den gegenteiligen Effekt und hindern den Leser daran, Ihren Text unmittelbar zu verstehen.

Verwenden Sie nicht *enquire*, sondern lieber *ask*; nicht *prevent*, sondern eher *stop* und nicht *attempt* (und schon gar nicht *endeavour*), wenn Sie auch *try* sagen können. Es handelt sich zwar nicht um wirklich lange Wörter, aber sie verärgern den Leser, denn sie wirken oft angeberisch, weil es ein einfacheres Wort auch getan hätte. An kurzen, einfachen Wörtern gibt es *gar nichts* auszusetzen. Wenn Sie sie treffend einsetzen, wird man Ihren Text gerne lesen, und deshalb sollten wir sie nicht gering schätzen oder die Nase rümpfen.

Regel 3: Wenn es möglich ist, ein Wort wegzulassen, lassen Sie es weg.

Wir müssen nur einen Blick auf behördliche Formulare, Versicherungsunterlagen oder amtliche Dokumente werfen, um festzustellen, dass häufige Wiederholungen einem klaren Textaufbau im Weg stehen. Bei vielen offiziellen Dokumenten ist es zwar verständlich, dass ihre Verfasser sicher sein mussten, nichts vergessen und kein Schlupfloch offengelassen zu haben, doch es ist auch nicht von der Hand zu weisen, dass Texte dieser Art oft verwirrend unübersichtlich und schwer verständlich sind. Formulierungen wie *going forward in time* sind unsinnig und klingen geschwätzig. Lassen Sie sie einfach weg.

Regel 4: Schreiben Sie niemals im Passiv, wenn Sie auch das Aktiv verwenden können.

Im Kapitel über Sätze haben wir uns den Unterschied zwischen Aktiv und Passiv angesehen. (S. 67) Passivkonstruktionen gilt es zu vermeiden, wenn sich der Sinn unserer Aussage dadurch nicht ändert. Es kann sonst passieren, dass niemand mehr versteht, wer was für wen tut. Sätze mit einer klaren Subjekt-Prädikat-Objekt-Struktur sind viel übersichtlicher und lesen sich wesentlich angenehmer.

Wenn Sie feststellen, dass in Ihrem Text häufig Partizip-Perfekt-Konstruktionen mit *to be* gefolgt von *by* vorkommen *(was stolen by, was found by)*, können Sie sicher sein, dass Sie einem passivischen Stil verfallen sind. Formulieren Sie Sätze wie 'The postman was bitten by the dog' um: 'The dog bit the policeman.' So werden Ihre Texte flüssiger und klarer.

Tautologie: einmal ist genug

Wenn wir uns ungewollt wiederholen, bezeichnet man das als Tautologie. *Die Ruinen eines alten Klosters sind per Definition verfallen – das versteht sich von selbst. Ausdrücke wie* dilapidated ruins *sollten wir also vermeiden. Wenn sich etwas von selbst versteht, muss man es nicht erwähnen.*

Werbetexter lieben Tautologien. Ständig bieten sie uns free gifts *und* added bonuses *an. Sie setzen Tautologien gezielt ein. Wenn die gesamte Konkurrenz mit Boni wirbt, müssen die Werber unser Interesse an ihrem Produkt dadurch wecken, dass sie scheinbar noch mehr bieten. Einem einfachen Bonus schenkt kaum jemand Beachtung, aber ein zusätzlicher Bonus, das ist doch mal was.*

Auch Geschäftsleute und Politiker machen sich häufig des Vergehens der Tautologie schuldig. Hier ein paar typische Beispiele aus O-Tönen und Werbebotschaften: joint cooperation, reiterate again, necessary requirement, totally unanimous, former glories of earlier times … *Ich denke, Sie verstehen, was ich meine.*

Regel 5: Verwenden Sie nie einen fremdsprachlichen Ausdruck, ein Fachwort oder Jargon, wenn es auch eine englische Entsprechung gibt.

Manchmal müssen wir in einem Text Spezialausdrücke verwenden, aber das hängt ganz davon ab, für wen wir schreiben. Verfassen wir einen Bericht für unsere Kollegen, können wir annehmen, dass sie unsere Fachsprache verstehen. Schreiben wir jedoch für ein breiteres Publikum, müssen wir uns klar machen, dass es bestimmte Fachausdrücke nicht kennt. *Myocardial infarction* sagt vielen Menschen nichts, aber *heart attack* schon. Auch gehäufte fremdsprachige Ausdrücke können einen Text unlesbar machen (siehe Kasten S. 187).

Leser, die sich in Ihrem Fachgebiet nicht auskennen, werden irritiert sein, wenn Sie Ihren Fachjargon verwenden, ohne bestimmte Begriffe zu erklären. Was ist denn nun eine *digital product solution* oder ein *online offering*? Nur weil wir uns in einem bestimmten Bereich gut auskennen, sollten wir nicht voraussetzen, dass jeder die besondere Sprache dieses Fachgebiets versteht. Treten Sie von Ihrem Text gedanklich ein Stück zurück und versuchen Sie, objektiv zu urteilen, ob Ihre Leser die Begriffe, die Sie verwenden, verstehen.

Regel 6: Verstoßen Sie lieber gegen jede dieser Regeln, statt sich ungelenk auszudrücken.

Wenn Sie sich strikt an Regeln halten, setzen Sie Ihre Kreativität aufs Spiel. Wer die Regeln kennt und versteht, kann auch gezielt dagegen verstoßen, wenn es nötig erscheint. Um dieses Verständnis zu entwickeln, gibt es nur ein Rezept: lesen, lesen, lesen. Sie würden doch auch nicht Geige spielen lernen, ohne vorher Musik gehört zu haben, oder? So ist es auch mit Sprache. Wollen Sie sie beherrschen lernen, so müssen Sie sich in ihre ganze Vielfalt vertiefen. Nicht jeder schafft es, sich durch Romane des 19. Jahrhunderts zu kämpfen, doch die meisten finden die Zeit, sich hin und wieder einen ausführlichen Bericht in einer guten Zeitung oder ein Gedicht pro Woche vorzunehmen – nur um einmal zu erfahren, was die besten Texte einer Sprache zu bieten haben. Wie wäre es mit einer Kurzgeschichte? Oder mit einer Sammlung von Essays? Oder lesen Sie einen Roman auf dem Weg zur Arbeit.

Regel 7: Schreiben Sie mit Liebe zur Sprache.

Diese letzte Regel stammt nicht aus Orwells Liste – doch für mich ist sie ebenso bedeutend wie die anderen sechs. Wer Sprache liebt, lässt ganz von selbst die Finger von hässlichen Phrasen wie *ballpark figures*, *one hundred and ten per cent* oder *end of the day*. Es kommt ihm gar nicht in den Sinn, die englische Sprache so zu verstümmeln. Überlegen Sie sich vorher, was Sie sagen möchten, bevor Sie zu schreiben anfangen; und überlegen Sie sich, wie es für den Leser klingen soll. Schreiben und sagen Sie, was Sie meinen. Und erfreuen Sie sich am englischen Wortschatz – er ist ein großartiges Erbe.

Ein Angeber, moi?

Wir haben zahlreiche Fremdwörter in die englische Sprache aufgenommen, denn trotz unseres riesigen Wortschatzes kann ein Wort oder Ausdruck einer fremden Sprache manchmal etwas fassen, das wir auf Englisch erst langwierig umschreiben müssten. Nehmen Sie double entendre *(das ist nicht einmal übliches Französisch),* chutzpah *oder* angst. *Sie alle sind dem Leser sofort verständlich und wären nur durch wortreiche und sperrige englische Erläuterungen zu ersetzen. Meist ist es auch hier eine Frage des gesunden Menschenverstands, ob man sich für ein Fremdwort oder einen englischen Ausdruck entscheidet. Orwell ist berühmt für seinen kompakten, klaren Stil, und vielleicht hatte er den Eindruck, dass Fremdwörter immer angeberisch wirken und unsere Sprache ein Stück weit verwässern.*

Anhang 1: Häufig falsch geschriebene Wörter

abscess *(-bsc-)*

accommodate (Doppel-*c* und Doppel-*m*)

acquaint (nicht »aquaint«)

aerial (nicht »arial« oder »ariel«)

aquiline (nicht »acquiline«)

arctic (nicht »artic« – es sei denn, es steht für einen Laster mit besonders engem Wendekreis *[articulated lorry]*)

benighted (nicht »beknighted«)

Britannia (ein *t*, aber Doppel-*n*)

Britannica (ein *t*, aber Doppel-*n*)

Brittany (Doppel-*t*, aber ein *n*)

broccoli (nicht »brocolli«)

conscientious (geht auf das Wort »science« zurück)

consensus (nicht »concensus«)

desiccated (nicht »dessicated«)

desperate (nicht »desparate«)

drunkenness (mit Doppel-*n*)

exercise (nicht »excercise«)

ecstacy (nicht »extasy« oder »extacy«)

espresso (nicht »expresso«)

February (nicht »Febuary«)

glamorize, glamorous (nicht »glamourize/-ous«)

graffiti (nicht »grafitti«)

gauge (nicht »guage«)

harass (nicht »harrass«)

idiosyncrasy (nicht »idiosyncracy«)

itinerary (nicht »itinery«)

kerb (die Bordsteinkante – die Schreibweise »curb« gilt nur im amerikanischen Englisch)

led (das *Past Tense* von *to lead*)

liaise, liaison (nicht »liase«/»liasion«)

lightening (leichter machen)

lightning (der Blitz, nicht »lightening«)

liquefy (nicht »liquify«)

Mediterranean (nicht »Meditteranean«)

memento (nicht »momento«)

millennium (nicht »millenium«)

minuscule (nicht »miniscule«)

mischievous (nicht »mischievious«)

pejorative (nicht »perjorative«)

pharaoh (nicht »pharoah«)

Portuguese (nicht »Portugese«)

restaurateur (nicht »restauranteur«)

sacrilege (nicht »sacrelige«)

separate (nicht »seperate«)

stiletto (nicht »stilleto«)

supersede (nicht »supercede«)

threshold (nicht »threshhold«)

withhold (nicht »withold«)

you're (zusammengezogenes *you are*)

your (deins)

Anhang 2: Häufig verwechselte Wörter

Bei einem Wortschatz von rund einer Million Wörtern ist es fast nicht zu vermeiden, dass man im Englischen ähnlich geschriebene oder ähnlich klingende Wörter und Ausdrücke ab und zu verwechselt. In der folgenden Liste finden Sie eine Reihe häufig verwechselter Wörter.

Accept / Except Zustimmen / Ausgenommen

Adverse / Averse Entgegenwirkend, feindlich gesonnen / Abgeneigt sein

Affect / Effect (1) Verb: auf etwas / jemanden einwirken, etwas / jemanden beeinflussen / Etwas bewirken, hervorrufen; (2) Substantiv: Fachbegriff aus der Psychologie für eine Emotion, die ein bestimmtes Verhalten hervorruft / Resultat oder Konsequenz

Alternate / Alternative Wenn Dinge aufeinander folgen / Eine andere Option

Allusion / Illusion Etwas, das auf etwas anderes anspielt / Trugbild

All together / Altogether Alle(s) zusammen / Ganz und gar

Amoral / Immoral / Immortal Ohne moralische Prinzipien / Moralisch falsch / Mit ewigem Leben gesegnet

Aural / Oral Das Ohr betreffend / Den Mund betreffend

Avenge / Revenge Vergeltung für etwas üben / Ein Ausgleich im Namen der Gerechtigkeit

Born / Borne Auf die Welt kommen / Getragen (Partizip)

Brooch / Broach Ein Schmuckstück / Ein Thema zur Diskussion stellen

Canvas / Canvass Ein grober Stoff / Um Stimmen werben

Censer / Censure / Censor Gefäß zum Verbrennen von Weihrauch / Scharf kritisieren / Unerwünschte Inhalte unterdrücken

Childish / Childlike Unreif / Mit den Eigenschaften eines Kindes

Compel / Impel Etwas gewaltsam herbeiführen / Antreiben, drängen

Complimentary / Complementary Lobend *oder* kostenfrei / Ergänzend

Currant / Current Ein bestimmtes Trockenobst / Aus der jetzigen Zeit; fließendes Wasser, elektrischer Strom

Deduce / Deduct Logische Schlüsse ziehen / Eine bestimmte Anzahl abziehen

Disinterested / Uninterested Unvoreingenommen / Nicht interessiert

Dominate / Domineer Über etwas Kontrolle ausüben / Sich arrogant verhalten

Elder / Older Ein älteres Mitglied einer Gruppe / Von höherem Alter

Egotism / Egoism Selbstbesessenheit / Lebenseinstellung, die die eigenen Interessen in den Mittelpunkt stellt

Emigrate / Immigrate Seine Heimat verlassen, um sich anderswo anzusiedeln / Ein anderes Land in der Absicht aufsuchen, dort heimisch zu werden

Empathy / Sympathy Das Gefühl, sich mit jemandem zu identifizieren und sein Leid verstehen können / Ein Gefühl der Verbundenheit mit jemand anderem

Exercise / Exorcise Aktivität von Körper oder Geist zu dessen Ertüchtigung / Austreiben eines bösen Geistes

Flammable / Inflammable Beide bedeuten das gleiche: »leicht entzündlich«

Flout / Flaunt Abneigung zeigen (gegenüber Autoritäten) / Angeben

Forgo / Forego Leer ausgehen / Örtlich oder zeitlich vorangehen

Founder / Flounder Sinken (bei Schiffen) / Mit einer Aufgabe ringen

Gourmet / Gourmand Kulinarischer Kenner / Gieriger Esser

Grisly / Grizzly / Gristly Schrecklich oder ekelhaft / Grauhaarig / Mit Knorpel versetzt (bezeichnet meist die Qualität von Fleisch)

Historic / Historical Geschichtlich bedeutend oder berühmt / Aus der Vergangenheit

Hoard / Horde Ein verborgener Vorrat / Eine größere Gruppe oder Bande

Illegible / Unreadable Aus optischen Gründen nicht lesbar / Nicht lesbar, da langweilig oder zu schwierig

Illicit / Elicit Geheim und gesetzeswidrig / Jemandem etwas entlocken (eine Antwort)

Imply / Infer Etwas andeuten oder unterstellen / Zu einem Schluss kommen

Insidious / Invidious Im Verborgenen und zum Schaden anderer / Geeignet, einen Unschuldigen in schlechtes Licht zu setzen

It's / Its *It is* / Besitz anzeigendes Fürwort zu *it*

Lie / Lay Sich in die Horizontale begeben oder die Unwahrheit sagen / Etwas oder jemanden hinlegen

Lose / Loose Etwas verlegen / Nicht eng

Luxurious / Luxuriant Edel oder wertvoll / Voll und von ausladendem Wachstum (bei Pflanzen u. ä.)

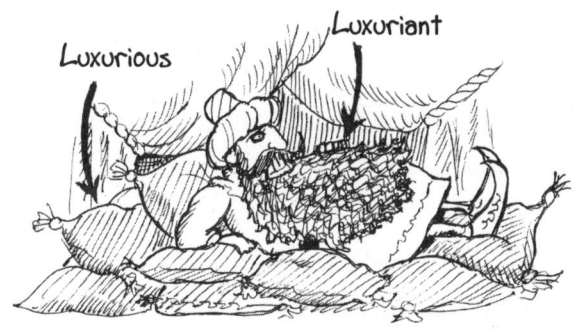

Luxurious · Luxuriant

Misanthrope / Misogynist Menschenfeind / Frauen-hasser

Passed / Past Vorbeigefahren oder -gegangen / Zu einer früheren Zeit gehörig

Pedal / Peddle Ein mit dem Fuß betriebener Hebel bzw. einen solchen gebrauchen / Mit Waren handeln (meist illegal), Ansichten verbreiten (abschätzig gemeint)

Plane / Plain Glatte Oberfläche, Flugzeug / Schmuck-los, gewöhnlich, eine geografische Ebene

Portentous / Pretentious Wie ein böses Omen / Ein Übermaß an Anerkennung oder Bedeutung einfordernd

Prophecy / Prophesy Eine Voraussage, was geschehen wird / Das entsprechende Verb: etwas voraussagen

Principal / Principle Chef einer Organisation / Verhaltensregel, Grundregel

Procede / Precede Den Weg fortsetzen, weitermachen / Vor etwas anderem stehen (zeitlich oder von der Bedeutung her)

Prostrate / Prostate Am Boden liegen (in der Regel vor Gram oder Erschöpfung) / Drüse, die zu den männlichen Fortpflanzungsorganen gehört

Rapt / Wrapped Die volle Aufmerksamkeit auf etwas gerichtet / Eingepackt

Sensual / Sensuous Die Sinne ansprechend oder von ihnen abhängend / Auf die Sinne bezogen

Stationery / Stationary Papier und Umschläge / Still stehend

Swat / Swot Kurz und knackig zuschlagen / Pauken, Büffeln

Their / They're / There Besitz anzeigendes Fürwort zu *they* / *They are* / An diesem Ort

Too / To Auch, ebenfalls / Teil des Infinitivs bei Verben (etwa in *to be, to do*), Präposition, die eine Richtung ausdrückt *(go to)*

Tortuous / Torturous Voller Kurven und Wendungen / Qualen hervorrufend

Troop / Troupe Eine Gruppe; Soldaten / Eine Schauspiel- oder Akrobatengruppe

Urban / Urbane Zu einer Stadt gehörig / Weltgewandt

Urban fox

Urbane fox

Use / Usage Verwenden / Üblicher Gebrauch (in der Grammatik)

Waiver / Waver Nicht länger auf etwas bestehen / Sich unsicher verhalten

Whose / Who's Besitz anzeigendes Fürwort zu *who* / *Who is, who has*

Yolk / Yoke Das Gelbe vom Ei / Schultergestell zum Tragen oder Ziehen – weckt Assoziationen an Unterwürfigkeit und Sklaverei

Kleine Vokabelliste für deutsche Leser

to torch (a building)	warm sanieren
contrition	Reue
aerial	luftig, zur Luft gehörend, Antenne
affable	leutselig, freundlich
alsatian	elsässisch, Elsässer
angst	Existenz- und Lebensangst
aquiline	adlerartig, gebogen
arcing	Lichtbogenbildung
august	ehrwürdig, erlaucht
bad-tempered	schlecht gelaunt
ballpark figure	ungefähre Zahl, Größenordnung
benighted	von Dunkelheit überrascht, unbedarft
blessing	Segen, Segnung, Wohltat
bough	Ast
burglar	Einbrecher
by (temp.)	bis zu, bis um, bis spätestens
calamity	Unglück, Katastrophe, Elend, Misere

calico	Kaliko, Kattun, bunt, scheckig
caraway	Kümmel
carnival	Karneval, Umzug
ceilidh	(schott., ir.) Abend mit Musik, Tanz, Literatur
chutzpah	Chutzpe, Frechheit, Unverschämtheit
clamorous	lärmend, tosend
concrete	Beton
conscientious	gewissenhaft
to creep	kriechen, schleichen
demise	Ableben, Hinscheiden, Tod
dependant	Abhängige(r), (Familien-) Angehörige(r)
dependent	abhängig, angewiesen auf
desiccate	trocknen, dörren
double bass	Kontrabass
double entendre	Doppel-, Zweideutigkeit, Anzüglichkeit
drought	Trockenheit, Dürre
to exhilarate	aufheitern, erheitern, beleben, erfrischen
expenses	Unkosten
odd	sonderbar, seltsam, merkwürdig
fifty-odd	etwas über fünfzig

flower-bud	Blütenknospe
friable	bröckelig, krümelig, mürbe
frock	Kittel
gauge	Umfang, Inhalt
gingham	gemustertes Baumwollgewebe
gorse	Stechginster
to grieve	bekümmern, bekümmert sein, trauern
gung-ho	wild entschlossen, übereifrig
guv	kurz für governor: Gouverneur, Direktor, Chef; scherzhaft auch als Anrede
to harass	belästigen, mobben
hiccough	Schluckauf
hive	Bienenkorb
hoary	grau, ergraut
hough	Hachse, Eisbein
idiosyncrasy	Eigenart, Natur, Veranlagung
immutable	unveränderlich
invalid	(rechts)ungültig, unwirksam
itinerary	Reiseweg, -führer, -route, -plan

loaf	Brotlaib
luv	"love"; svw. »Herzliche Grüße« am Briefende, auch Anrede in Mittel- und Nordengland
man-at-arms	Soldat, Krieger
to methylate	methylieren, denaturieren
minuscule	Minuskel (Kleinbuchstabe)
mischievous	schädlich, boshaft, schelmisch
misogyny	Misogynie, Frauenfeindlichkeit
to moon	träumen, herumtrödeln
mortgage	Hypothek
off-the-peg	von der Stange, Konfektionsware
onomatopoeia	Lautmalerei
outclassed	weit übertroffen
owing to	infolge, wegen, dank
parole	Ehrenwort
pejorative	abschätzig, herabsetzend
ptarmigan	Schneehuhn
re-formed	umgeformt, umgestaltet, wieder vereinigt
reformed	reformiert, verbessert
to reiterate	(ständing) wiederholen
robe	Kleid, Gewand

to saunter	bummeln, schlendern
sieve	Sieb
skillful	kunstgerecht, geschickt
stone	Gewichtseinheit (6,35 kg)
suggestible	beeinflussbar
to supersede	ersetzen, verdrängen, abschaffen
to syringe	spritzen, einspritzen
thoroughbred	reinrassig, vollblütig, kultiviert
threshold	Türschwelle
thug	Schläger, Gangster
timid	ängstlich
to distress	quälen, beunruhigen, betrüben
to give a talk	einen Vortrag halten
to land a contract	einen Vertrag an Land ziehen
to put up with	sich abfinden mit
to vex	ärgern, belästigen, quälen
trough	Trog
unanimous	einmütig, einstimmig
understaffed	unterbesetzt
velvet	samten
venison	Wildbret
vital	von entscheidender Bedeutung
to clear the house	ausräumen, verlassen

well-walked (dog)	gut bewegt
whine	Jammer, Klage, Lamento
wholeheartedly	ernsthaft, aufrichtig, aus ganzem Herzen
yonder	dort drüben
zephyr	Zephir, Westwind

Literatur zum Thema

Amis, Kingsley, *The King's English*, HarperCollins, 1997

Bierce, Ambrose, *The Devil's Dictionary*, Dover Publications, 1993

Bryson, Bill, *Mother Tongue*, Penguin Books, erste Taschenbuchausgabe, 1991

Bryson, Bill, *Troublesome Words*, Penguin Books, erste Taschenbuchausgabe, 1997

Butterfield, Jeremy, *Damp Squid*, Oxford University Press, Hardcoverausgabe, 2008; Taschenbuchausgabe, 2009

Chambers Essential English Grammar and Usage, Chambers, 1999

Cook, Vivian, *Accomodating Brocolli in the Cemetary: Or Why Can't Anybody Spell?*, Profile Books, 2004

Crystal, David, *Rediscover Grammar*, Longman, erste Auflage, 1988; Longman, zweite Auflage, 2004

Crystal, David, *The Cambridge Encyclopedia of the English Language,* Cambridge University Press, illustrierte Ausgabe, 1995; dritte Auflage, 2010

Crystal, David, *Who Cares About English Usage?* Penguin Books, 1984; zweite überarbeitete Auflage, 2000

Crystal, David, *Words, Words, Words*, Oxford University Press, 2007

Essinger, James, *Spellbound*, Robson Books, illustrierte Ausgabe, 2006; Delta, 2007

Fowler, H. W., *A Dictionary of Modern English Usage*, Oxford University Press, dritte Auflage, Birchfield, 1996

Hart, Horace H., *Hart's Rules for Compositors and Readers at the University Press*, Oxford University Press 1893; 39. Auflage, 1983

Heffer, Simon, *Strictly English*, Random House Books, 2010

Hitchings, Henry, *The Secret Life of Words*, John Murray, 2008

Humphrys, John, *Lost for Words*, Hodder Paperbacks, 2005

Jarvie, Gordon, *Bloomsbury Grammar Guide: Grammar Made Easy*, Bloomsbury Publishing, überarbeitete Ausgabe, 2000

Lamb, Bernard C., *The Queen's English*, Michael O'Mara Books, 2010

Liberman, Anatoly, *Word Origins*, Oxford University Press (USA), 2005

Martin, Andrew (Hg.), *Funny You Should Say That*, Penguin Books, 2005

Parkinson, Judy, *I Before E (Except after C)*, Michael O'Mara Books, Reprint-Ausgabe, 2007

Pearsall, Judy and Trumble, Bill (Hgg.), *The Oxford Reference Dictionary*, Oxford University Press, zweite Auflage, 2002

Taggart, Caroline and Wines, J. A., *My Grammar and I (Or Should That Be 'Me'?): Old-School Ways to Sharpen Your English*, Michael O'Mara Books, 2008

Taylor, Andrew, *A Plum in Your Mouth*, Harper Collins, 2006

Trenga, Bonnie, *The Curious Case of the Misplaced Modifier*, Writer's Digest Books, 2006

Truss, Lynne, *Eats, Shoots and Leaves*, Profile Books, erste Auflage, 2003

Walsh, Bill, *Lapsing into a Comma*, McGraw-Hill Contemporary, 2000

Wines, J. A., *Mondegreens: A Book of Mishearings*, Michael O'Mara Books, 2007

Register

Notizen

Notizen